Hans von Scheel

**Unsere sozialpolitischen Parteien**

Hans von Scheel

**Unsere sozialpolitischen Parteien**

ISBN/EAN: 9783743362413

Hergestellt in Europa, USA, Kanada, Australien, Japan

Cover: Foto ©ninafisch / pixelio.de

Manufactured and distributed by brebook publishing software (www.brebook.com)

Hans von Scheel

**Unsere sozialpolitischen Parteien**

# Unsere

# Socialpolitischen Parteien.

Von

Hans von Scheel.

Leipzig:
F. A. Brockhaus.

1878.

## Vorbemerkung.

Die vorliegende Schrift ist auf Grund der Artikel bearbeitet, welche unter gleichem Titel ohne den Namen des Verfassers im Jahrgang 1873 von „Unsere Zeit" erschienen sind. Die Umarbeitung, Ausführung und Fortsetzung bis auf die Gegenwart sind aber so vollständig, daß nur einzelne Theile jener Aufsätze — namentlich in die historische Entwickelung in Abschnitt II — übernommen werden konnten.

Der Verfasser kommt durch diese Arbeit nicht nur an ihn ergangenen Aufforderungen nach, sondern glaubt damit auch eine Lücke in der socialwissenschaftlichen Literatur auszufüllen. Soviel auch über politische Parteien und einzelne socialpolitische Parteien — insbesondere die Socialdemokratie — geschrieben worden ist, eine objective und gemeinfaßliche Darstellung, welche die verschiedenen socialpolitischen Parteien Deutschlands auf geschichtlichem Hintergrunde gleichmäßig beleuchtet, ist noch nicht vorhanden.

Die Schrift dürfte daher dem großen gebildeten Publikum, welches sich nicht fachmännisch mit socialen Dingen beschäftigt, ein willkommenes Orientirungsmittel sein, da sie ihm ohne sociale und politische Voreingenommenheit geschriebene Erörterungen, eine Sammlung der Programme und die nothwendigen Literaturhinweise bietet.

Berlin, Mai 1878.

von Scheel.

## Inhalt.

|  | Seite |
|---|---|
| Vorbemerkung | v |
| I. Socialpolitische Fragen, Richtungen und Parteien | 1 |
| II. Die geschichtlichen Grundlagen unserer socialpolitischen Parteien | 13 |
| III. Die conservativen Parteien | 42 |
| IV. Die Reformparteien und socialreformatorischen Richtungen | 65 |
| V. Die radicalen Parteien | 106 |
| VI. Die Zukunft der socialpolitischen Parteien | 148 |

# I.

## Socialpolitische Fragen, Richtungen und Parteien.

„Socialpolitisch" und „Partei" sind zwar sehr gangbare Begriffe, einer ausführlichen Darstellung der Grundlagen und des Wesens der modernen socialpolitischen Parteien dürfte aber doch eine Verständigung über den zu behandelnden Gegenstand voraufgehen müssen. Namentlich wird festzustellen sein, was socialpolitische gegenüber politischen Parteien sind, da beide keineswegs zusammenfallen und nur von den erstern die Rede sein soll.

Statt des Ausdrucks: socialpolitische Parteien könnte man vielleicht den sprachlich anmuthenderen: wirthschaftliche Parteien vorziehen wollen; oder meinen, es genüge, von „socialen" Parteien zu sprechen. Beides ginge indessen nur an, wenn man aus Rücksichten des Geschmacks die Genauigkeit der Bezeichnung vernachlässigen wollte. In der Wissenschaft ist das aber nicht zulässig; so gern wir zugeben, daß unnöthige Vernachlässigung von Geschmack, ja von Verständlichkeit und Klarheit der Darstellung auch auf dem Gebiete der Socialwissenschaft häufiger vorkommen, als der Nachsicht des Publikums zugemuthet werden darf.

Hier liegt nun in der That die Sache so, daß wirth=

schaftliche Parteien noch keine socialen, sociale noch keine
socialpolitischen sind, weil man diese drei Worte keinesfalls
für denselben Begriff gebrauchen kann und darf.

Daß eine wirthschaftliche Frage, Richtung, Partei noch
keine sociale ist, wird man schon bei flüchtigem Nachdenken
zugeben. Eine wirthschaftliche Frage ist z. B. die der Grund=
steuer; eine sociale Frage ist die des Grundbesitzes. Wenn es
sich nur um die Grundsteuer handelt, so können bezüglich
deren Einrichtung, deren Beibehaltung oder Beseitigung Leute,
die der verschiedensten Anschauungen über die Grundfragen der
Gesellschaft sind, zusammengehen und zu einer und derselben
Partei, d. h. einem Zusammenschluß von Personen derselben
Ansichten und Interessen mit Rücksicht auf diese Frage ge=
hören. Die Frage hingegen: wie das Grundeigenthum ein=
zurichten sei, ob es privates oder öffentliches sein, ob und
welche Schranken dem privaten Grundeigenthum aufzuerlegen
seien, bedingt, wo sie in Angriff genommen wird, eine grund=
sätzliche Scheidung der Ansichten über die gesellschaftlichen
Zustände, deren Güte und Reformbedürftigkeit überhaupt.

Die Bezeichnung sociale Parteien aber ist für die vor=
liegende Darstellung deshalb nicht angebracht, weil sie nur
auf die Grundanschauungen der gesellschaftlichen Gruppen,
nicht auf die Art hindeutet, wie diese für die praktische Durch=
führung im Staat formulirt werden und zu Trennungen
derselben nach diesem Gesichtspunkte Anlaß geben. Leute von
den verschiedensten Ansichten über den Staat: National=Liberale
und Ultramontane einerseits, Socialdemokraten und Anarchisten
andererseits, kann man als derselben socialen Partei angehörig
bezeichnen, während sie socialpolitisch, d. h. in ihren An=
sichten über das Verhältniß des Staats zur Gesellschaft, über

die Aufgaben und Mittel desselben sehr verschieden sind. Ja man kann es vielleicht überhaupt unzulässig nennen, von „socialen" Parteien zu reden, und nur die Bezeichnung sociale „Gruppen" als allein zulässig erklären, weil man dem Worte Partei, das ein zielbewußtes Streben andeutet, nicht einen so unbestimmten, eine ganz allgemeine Grundanschauung andeutenden Ausdruck, wie es „social" in dieser Verbindung ist, hinzufügen dürfe. Indeß mag dies unentschieden bleiben; jedenfalls wäre der Begriff: sociale Partei viel weiter und unbestimmter als derjenige der socialpolitischen Partei, mit dem wir es hier zu thun haben. Wenn wir uns eine solche Abkürzung des Titels dieser Erörterungen gefallen lassen wollen, so geschähe dies mit dem Vorbehalt, daß stets „politisch" zu „social" hinzuzudenken sei.

Socialpolitik bedeutet die Kunde und Kunst der Einrichtung der Gesellschaft, und da diese Einrichtung nur durch eine oberste zusammenfassende Regierung geschehen kann, die Gesellschaft ohne Staat nicht denkbar ist, so ist der Begriff des Staats von selbst mit eingeschlossen. Die Socialpolitik ist also eine Summe von Bestrebungen, welche gerichtet ist auf die Gesellschaft, d. h. die geschichtlich entstandene Verbindung von Familien und Einzelnen — von menschlichen Einheiten — welche durch gemeinsame wirthschaftliche und persönliche Beziehungen zusammengehalten wird, diese nach denselben Grundanschauungen über Sitte und Recht regelt; als geschichtlich entstandene Verbindung natürlich auch in steter Entwickelung begriffen ist.

Die Gesellschaft, sagten wir, ohne Widerspruch befürchten zu müssen, ist ohne den Staat nicht denkbar und haltbar; denn es muß eine Einrichtung geben, welche die Beziehungen der Angehörigen dieser großen Interessengruppe und ihrer Abtheilungen vermittelt und sichert.

Die Kunde und Kunst, wie dies am besten zu geschehen habe, ist die Politik schlechthin, die sich also mit der, wenn man so sagen darf: äußern Einrichtung, mit der Form, in welcher sich die Gesellschaft nach außen vorstellt, beschäftigt.

Dieselbe äußere Form kann aber verschiedenen Inhalt bergen, und wie bekanntlich derselbe Staatsorganismus verschiedene Staatsformen verträgt, ohne merkliche Störungen von der Republik zur Monarchie übergeht, so kann eine sehr ähnliche Einrichtung des Staats hier in ihren Grundlagen sehr verschiedenen Gesellschaften dienen. Die alte römische und die heutige Gesellschaft zeigen in Recht und Regierung, d. h. der alte römische Staat zeigt dem heutigen gegenüber sehr ähnliche Einrichtungen, die antike und moderne Gesellschaft aber sind durchaus verschieden.

Indeß wollen wir uns hier keineswegs in Geschichtsphilosophie vertiefen, sondern wir haben uns lediglich an die moderne Gesellschaft zu halten, die ihren Typus erhalten hat von einer geschichtlichen Vermischung von Antike, Germanismus und Christenthum, und durch gemeinsame Grundanschauungen über gewisse große Grundinstitutionen, namentlich Familie und Eigenthum getragen wird.

Diese selbe Gesellschaft sehen wir in so verschiedenartigen Staatswesen, wie das englische und das französische, unter so verschiedenartigen Regierungsformen, wie die deutschen Monarchien und die schweizerischen Demokratien leben. Ebenso wenig wie die Einheit der modernen Gesellschaft kann jemand die Verschiedenartigkeit der modernen Staaten leugnen. Zwischen Gesellschafts= und Staatsform scheint also kein sehr inniger Zusammenhang zu bestehen, und die letztere scheint einen unmittelbaren Einfluß auf die Entwickelung der Gesellschaft nicht zu haben.

Andererseits ist es freilich unmöglich, solche Wechselbeziehungen nicht als vorhanden anzunehmen; und wenigstens so viel läßt sich sagen, daß die eine Regierungsform mehr, die andere weniger geeignet ist, die Entwickelung der Gesellschaft stetig zu erhalten oder Veränderungen in derselben herbeizuführen.

Im allgemeinen darf man vielleicht behaupten, daß die größte Zähigkeit der gesellschaftlichen Zustände in derjenigen politischen Verfassungsform gegeben ist, welche den größten Theil der Interessen unmittelbar zur Geltung und Mitwirkung bringt. Dies ist, wenigstens theoretisch, die reine Demokratie, und die geschichtlichen Erfahrungen scheinen diese Theorie zu bekräftigen. Es gibt wol keine conservativere Gesellschaft als diejenige der schweizerischen Demokratien, und zwar gerade in denjenigen Cantonen, wo die Demokratie schon alt ist; und die dort theils von alters her bestehende, theils neuerdings eingeführte Institution des Referendums: der Volksabstimmung über alle Gesetze, hat namentlich in der wirthschaftlichen Gesetzgebung einen conservativen Sinn des Volkes gezeigt, der den Neid der Conservativen anderer Länder erwecken, aber reformeifrige Staatsmänner zur Verzweiflung bringen könnte.

Die für gründliche sociale Umwälzungen, rasche wirthschaftliche Reformen geeignetste Verfassung der Regierung aber ist die absolute Monarchie, weil diese kräftigen Staatsmännern einen trefflichen Apparat bietet, Reformideen rasch und zu günstiger Zeit ins Werk zu setzen; Beweis dessen

z. B. die preußischen Reformen im Anfang, die russischen in der Mitte dieses Jahrhunderts.

Im ganzen aber erscheint der Zusammenhang der social politischen und der politischen Fragen ein ziemlich loser, und wie bei den verschiedensten politischen Verfassungen die in wesentlichen gleiche Gesellschaft, so finden sich bei den verschiedensten politischen im wesentlichen die gleichen socialpolitischen Parteien in allen Staaten desselben Civilisationskreises So auch in der Gegenwart. Ein großer Gegensatz der social politischen Parteien muß sich aber auf allen Civilisationsstufen und zu allen Zeiten finden: nämlich der Gegensatz derjenigen welche sich in dem gegebenen Zustande der Gesellschaft wohl befinden und darum ein Interesse an der Aufrechthaltung derselben haben, und derjenigen, welche grundsätzliche Veränderungen in der Gesellschaftsverfassung erstreben, weil sie in ihrer Lage dazu Ursache haben oder sich benachtheiligt fühlen. In diesem Sinne hat es immer sociale Fragen und socialpolitisch Parteien gegeben. Da aber die Gesellschaft in fortwährender Entwickelung begriffen ist, muß sie immer neue zeitigen; und eine jede Zeit hat darin selbstverständlich ihre Besonderheiten die socialen Fragen des Alterthums und des Mittelalters sind nicht mehr die der Jetztzeit.

So ist also auch in der Gegenwart der ganz allgemeine Hauptgegensatz zwischen den Parteien, welche sich an die socialen Fragen knüpfen, derjenige der Conservativen, welche sich gegen jede grundsätzliche Veränderung der Gesellschaftsverfassung wehren, und der Radicalen, welche eine solche verlangen. Dazwischen steht naturgemäß eine vermittelnde oder wenigstens eine Mittelgruppe, welche sich aus denjenigen zusammensetzt, die keine Veranlassung haben, ihre Interessen schroff zur Geltung zu bringen, und denjenigen, welche in Anerkennung der vorhandenen, in jeder Gesellschaftsverfassung unvermeidlichen, aber darum doch immer berechtigte Bestrebungen nach Beseitigung begründenden Mängel wohlwollend oder weitschauend genug sind, den Interessen des Ganzen Opfer zu bringen. Da aber die socialen Interessen die Menschen stärker erregen als die politischen, so bildet sich wol eine zahl- und einflußreiche politische Mittelgruppe, die socialpolitische aber bleibt verhältnißmäßig schwach, und es treten in ihr wol bedeutsame Richtungen, aber weniger geschlossene Parteien hervor.

In dieser Weise wird auch für die moderne Gesellschaft von socialpolitisch: conservativen, radicalen und Mittelparteien zu sprechen sein. Diese letztern werden am besten als Reformparteien bezeichnet. Das Wort „liberal" würde dem Sinne nach allerdings ganz gut passen, müßte indeß, wie wir sehen werden, zu Verwechselungen und Irrungen Anlaß geben, da die im politischen Leben heute so genannten liberalen Parteien keineswegs mit der socialpolitischen Mittelgruppe zusammenfallen, vielmehr auf durchaus conservativem Standpunkte stehen.

Diese Parteien knüpfen sich nun natürlich an socialpolitische Fragen, die der modernen Gesellschaft entstammen, und es ist zunächst festzustellen, welches diese sind.

Unsere Gesellschaft, gegründet auf eigenthümlichen, aus Antike, Germanismus und Christenthum entstandenen Culturelementen, ist aufgebaut auf die monogamische Familie, das volle Privateigenthum, das freie Vertragsrecht bei formeller Gleichberechtigung aller Volksgenossen. Aus wirklichen oder mindestens in weiten Kreisen gefühlten Mängeln oder mangelhaften Wirkungen dieser maßgebenden Einrichtungen müssen die socialen Fragen entstehen.

Mag man nun zu der Behandlung und Lösung derselben stehen wie man will, es dürfte unbestritten sein, daß die Hauptfragen, welche mit mehr oder weniger Recht heute aufgeworfen werden, folgende sind\*):

Erstens in Rücksicht auf die Familie werden Bedenken erhoben wegen ihrer Bedrohung durch die außerhäusliche Arbeit der Kinder und Frauen überhaupt und die allzu lange außerhäusliche Arbeit der Männer der ärmern Schichten. Für die sogenannten Mittelklassen nimmt die „Frauenfrage" noch besondere Gestalt an, indem die Schwierigkeiten der wirthschaftlichen Existenz für den unverheirathet bleibenden Theil der Frauen hervortreten.\*\*) Mit der Familienfrage — wenn wir so sagen wollen — zusammen hängt die „Wohnungsfrage".\*\*\*)

Zweitens an die Institution des Privateigenthums knüpfen sich die Fragen: ob und wie einer großen Concentrirung des Kapitals in durch Geburt, Glück, sonstige Machtmittel begünstigten Händen vorzubeugen, wie das Eigenthum in

---

\*) H. v. Scheel, Die Theorie der socialen Frage; Jena, Mauke, 1871 und Die sociale Frage (Vortrag); Bern, Jent und Reinert, 1873. Ad. Wagner, Rede über die sociale Frage; Berlin, Wiegandt und Grieben, 1872. v. d. Goltz, Die ländliche Arbeiterfrage; Danzig, Kasemann, 1872.

\*\*) H. v. Scheel, Frauenfrage und Frauenstudium; Rectoratsrede in Bern; Jena 1874; auch in Hildebrand's Jahrbüchern für Nationalökonomie und Statistik; Jena, Jahrg. 1874, Nr. 1.

\*\*\*) E. Engel, Die moderne Wohnungsnoth; Leipzig, Duncker und Humblot, 1873; E. Sachs, Die Wohnungszustände der arbeitenden Klassen; Wien, Pichler, 1869.

Uebereinstimmung mit dem Streben nach wirthschaftlicher Freiheit und Selbständigkeit eines größtmöglichen Volkstheils zu verallgemeinern, welche Grenze dem öffentlichen Eigenthum anzuweisen sei.

Drittens dreht sich um das freie Vertragsrecht insofern die Frage, als Zweifel darüber bestehen, wie dasselbe festzustellen und abzugrenzen sei, um auch den wirthschaftlich Schwächern den freien Gebrauch der Kräfte und gleiche Bedingungen im Interessenkampfe nach Möglichkeit zu sichern; Fragen, die sich in den verschiedenen Productionszweigen verschieden stellen.

Zu diesen Problemen, welche von der Eigenthümlichkeit unserer Gesellschaftsverfassung ihre bestimmte Gestalt empfangen, nehmen die Schichten, Kreise, Gruppen des Volkes sowie die Einzelnen natürlich verschiedene Stellung ein, je nachdem sie durch wirthschaftliche Interessen, gesellschaftliche Ueberlieferungen, wissenschaftliche Ueberzeugungen zu der einen oder andern gedrängt werden. Die letztgenannten sind natürlich bei einer nur kleinen Anzahl vorhanden und kommen bei einer noch kleineren rein zur Geltung; auch unter den Gebildeten werden nur wenige durch sie geleitet. Unbefangene, verstandesmäßige, zugleich aber auch vom richtigem praktischen Takt getragene Betrachtung der Gegenwart, sichere Beurtheilung der Entwickelung und klare Voraussicht der Zukunft ist wol auch nirgends schwerer wie auf socialpolitischem Gebiete.

Die Verschiedenheit der Standpunkte bezieht sich erstens auf die Fragen selbst, und zweitens auf die Mittel zu ihrer Lösung. Theils wird die Berechtigung aller der soeben angedeuteten Fragen oder doch vieler derselben den heutigen

Gesellschaftszuständen gegenüber geleugnet, theils ist man über die Mittel zur Lösung derselben verschiedener Ansicht. In letzterer Beziehung macht sich namentlich darüber ein Unterschied der Anschauungen geltend, wie weit der privaten und wie weit der öffentlichen Einwirkung und Thätigkeit Spielraum zuzugestehen sei.

Die Stellung zu diesen Fragen erzeugt nun noch nicht unmittelbar socialpolitische Parteien, sondern zunächst nur Richtungen. Denn von erstern kann man nicht reden, wenn es sich nur um einzelne, wenn auch weitgreifende Fragen, z. B. Genossenschaftswesen, Steuerwesen, Zollwesen handelt, über welche eine Anzahl von Personen einig ist; noch auch bei einer Gemeinschaft nur wissenschaftlicher Ansichten. Vielmehr gehört zur Herstellung einer socialpolitischen Partei zweierlei: erstens Gemeinsamkeit der Grundanschauung über Wesen und Berechtigung der socialen Fragen überhaupt nebst Einigkeit über die Art, ihnen entgegenzutreten, und zweitens Actionsfähigkeit im öffentlichen Leben. Es ist dabei weder nothwendig noch in Wirklichkeit die Regel, daß die Partei als solche sich ganz klar sei über die Ziele, welche sie bei dem von ihr verfolgten socialpolitischen Verhalten verfolgt, noch daß die Parteigenossen auf dem Wege des Denkens und der wissenschaftlich motivirten Ueberzeugung zu den durch die Partei vertretenen Anschauungen gekommen seien. Denn insbesondere wenn dieses letztere Erforderniß erfüllt werden sollte, würden alle Parteien auf einen sehr winzigen Personenbestand zusammenschrumpfen.

Im praktischen Leben existiren nun rein socialpolitische Parteien überhaupt nicht, sondern bei ihrer Bildung wirken theils politische — wie man auch wol zu sagen pflegt:

formalpolitische, theils religiöse Motive mit, d. h. es kommt die Stellung zu formalpolitischen und zu kirchlichen Fragen mit in Betracht. Das ist auch unvermeidlich und kann keineswegs als ein Fehler betrachtet werden; denn beim Heraustreten ins öffentliche Leben, für die Vertretung der öffentlichen Interessen in Gemeinde und Staat ist die Beschränkung auf nur eine Seite der öffentlichen Angelegenheiten selbstverständlich nicht thunlich, sondern die Partei muß nach allen Seiten hin Stellung nehmen und ihr Programm, ob nun in ausdrücklicher Formulirung oder nur seiner allgemeinen Tendenz nach, auf einigermaßen bestimmten Anschauungen nach allen drei Seiten hin vertreten. Eine öffentliche Partei ist demnach immer zugleich eine socialpolitische, politische und kirchliche, letztern Ausdruck im weitesten Sinne genommen; was natürlich nicht hindert, daß das Schwergewicht auf die eine oder andere Seite gelegt wird; so auf die formalpolitische bei den heute so genannten Liberalen, die kirchliche bei den Ultramontanen, die sociale bei den Socialdemokraten.

Die Betrachtung der socialpolitischen Parteien wird diese Gruppirung der öffentlichen Parteien, welche durch das Zusammenwirken jener drei Grundelemente entstanden ist, natürlich nicht außer Acht lassen, sondern vielmehr hinsichtlich der Eintheilung der Darstellung an dieselben anknüpfen müssen.

Gehen wir nun an diese Betrachtung selbst, so ist es unzweifelhaft, daß dieselbe wissenschaftlich richtig nur auf einem Wege durchgeführt werden kann, nämlich so, daß wir zunächst die geschichtliche Entstehung unserer socialpolitischen Parteien zu ergründen und von dort aus ihren gegenwärtigen Zustand ins Auge zu fassen suchen. Nur von diesem Boden aus können wirkliches Verständniß, unbefangene Darstellung, gerechte Würdigung erreicht und auch ein Blick auf die weitere Entwickelung geworfen werden. Die nächste und wichtigste Aufgabe ist demnach die, die geschichtliche Grundlage, auf welcher die socialpolitischen Anschauungen unserer gegenwärtigen Parteien stehen, genau zu umschreiben, selbst auf die Gefahr hin, hierbei sachlich Neues Niemand zu sagen.

## II.

## Die geschichtlichen Grundlagen unserer socialpolitischen Parteien.

Die besondern Merkmale unserer socialpolitischen Parteien gründen sich natürlich auf die Eigenthümlichkeit unserer modernen Gesellschaft, und diejenigen unserer deutschen socialpolitischen Parteien, welche den Gegenstand der Betrachtung bilden, hängen von der Gestaltung der socialen und öffentlichen Zustände in Deutschland ab.

Unsere deutsche Gesellschaft ist ja aber keineswegs etwas von dem, was wir die „moderne Gesellschaft" nennen dürfen, Abgetrenntes, sondern in den germanischen und romanischen Culturstaaten Europas und Amerikas sind die socialen Anschauungen und wirthschaftlichen Grundlagen im wesentlichen gleiche, und mit der Ausbildung der materiellen und geistigen Verkehrsmittel gestalten sich die Beziehungen der Angehörigen dieses großen Culturkreises immer enger, die Verhältnisse gleichartiger.

Der Anfangspunkt, von welchem wir diese moderne Gesellschaft datiren müssen, ist nun unbestreitbar die Französische Revolution, welche zunächst den Sieg des besitzenden Bürgerthums über den alten Feudalstaat sowol in wirthschaftlicher wie in politischer Beziehung vollendete und eine

ganz neue Entwickelung auf dem ideellen Grunde der Gleich=
heit und Freiheit aller Menschen ermöglichte.

In England hat allerdings die Umgestaltung der ältern
in die moderne Gesellschaft früher begonnen und sich fried=
licher vollzogen, und die eigenthümliche Zusammensetzung
von Resten des Feudalismus und Geldoligarchie, durch welche
sich die dortigen Verhältnisse charakterisiren, bietet mannich=
fache Abweichungen von unserer socialen Verfassung. Aber
trotz dieser Abweichungen in der Entwickelung und der Gliede=
rung hier und dort treffen die Ergebnisse, sowol was die Zeit
als was die Art betrifft, doch im wesentlichen so sehr zusam=
men, daß man durchaus von einer eigenthümlichen Neu=
gestaltung der europäischen Gesellschaft als einer Cultur=
gesammtheit seit der Revolution von 1789 reden kann.

Der Absolutismus und der Mercantilismus hatten da=
mals das Bürgerthum als wirthschaftliche Macht an der Seite
der Grundaristokratie und die Industrie an der Seite der
Landwirthschaft großgezogen. Die Elemente der Geld=
wirthschaft waren völlig ausgebildet. Es war der Zeitpunkt
gekommen, die alte geschichtliche Schichtung der Gesellschaft
zu durchbrechen, die alten Formen des Eigenthums und der
Wirthschaft mit ihren mannichfach verschlungenen Abhängig=
keitsverhältnissen zu beseitigen.

Wie die politische Revolution durch die Ideen Montes=
quieu's und Rousseau's, so war der Umschwung in den
wirthschaftlichen Anschauungen und die neue Wirthschafts=
gesetzgebung durch eine Schule von Wirthschaftspolitikern
vorbereitet, welche im engen Zusammenhange mit der mate=
rialistischen Philosophie jener Epoche stand. Seit der Mitte
des vorigen Jahrhunderts hatten die sogenannten Physio=

kraten eine Volkswirthschaftslehre entwickelt, welche als das erste und zugleich bisjetzt einzige System dieser Wissenschaft angesehen werden muß, da sie ein wirklich einheitliches Gebäude der Volkswirthschaft zu construiren und es zugleich mit der gesammten socialen und politischen Verfassung in Zusammenhang zu setzen versucht haben; ein Versuch, der bei der auf ihnen fußenden englischen Schule nicht weiter verfolgt worden ist.

Die Physiokraten haben zuerst die Volkswirthschaft als solche, unabhängig von den Verhältnissen eines gegebenen Staates aufzufassen gesucht und damit die Wissenschaft der allgemeinen Volkswirthschaftslehre gegründet. Sie haben zuerst die Volkswirthschaftspolitik nicht mehr wie die Frühern als eine Finanzangelegenheit des Fürsten, sondern als eine alle Mitglieder des Volks gleichmäßig betreffende Sache angesehen, die Entstehung und Vertheilung der Gütermasse unter alle wirthschaftlichen Klassen zu erklären und zu verfolgen sich bestrebt, und zugleich den Versuch gemacht, die volkswirthschaftliche Ordnung — indem sie die Klasse der Grundeigner als wichtigste Klasse: classe productive, disponible hinstellten — mit der Verfassung der Gesellschaft überhaupt in Verbindung zu setzen und ihr auch das politische System anzupassen —; ein Gedanke, den in ganz anderer Fassung dann Saint-Simon wieder aufgenommen hat.

Dabei ist der oppositionelle Zug gegen das bis dahin herrschende sogenannte Mercantilsystem dem Physiokratismus deutlich genug aufgeprägt: der übertriebenen Schätzung des Geldes als vorzüglichen Reichthums gegenüber weisen sie auf die Boden-, resp. Urproducte als den eigentlichen, das Volk erhaltenden Reichthumsstoff hin; der dem Mercantilismus eigenen Bevorzugung von Handel und Industrie stellen sie die Hebung des Landbaues als das Wichtigste gegenüber; anstatt der für das Erwerbsleben der Gegenwart nicht mehr zeitgemäßen ständischen Schranken und staatlichen Regelung verlangen sie Selbständigkeit und Freiheit von Arbeit und Verkehr; an Stelle der mannichfachen erdrückenden Abgaben und hemmenden Zölle wollen sie eine einheitliche Steuer setzen, die den Güterreichthum bei seinem Entstehen erfaßt und seine Circulation nachher ungehindert läßt.

Dieses physiokratischen Systems, das die Keime einer fruchtbaren Weiterentwickelung in sich trug, bemächtigten sich dann, wie bekannt, die Engländer und benutzten die dort gegebenen Gedanken, daß die drei Productionsfactoren: Natur, Arbeit, Kapital, unter der Wirksamkeit der rein natürlichen Ordnung die größte Gütermasse hervorbringen müßten, zum Aufbau jenes berühmten Freihandelssystems oder Smithianismus, in welchem Ausgangs- und Zielpunkt zugleich der Begriff des „Nationalreichthums" ist, d. h. die Summe der in einer Volkswirthschaft vorhandenen Werthe, ohne Rücksicht auf deren Vertheilung und gesellschaftliche Wirkungen.

Es ist unumgänglich, sich die charakteristischen Grundzüge und Mängel dieser Lehre, gegen die sich die Angriffe der socialen Reformparteien und der radicalen Parteien jetzt so energisch richten, zusammenfassend zu vergegenwärtigen, um den ganzen Meinungsstreit zu verstehen; und zwar kann es hierbei natürlich nicht darauf ankommen, die specifische Lehre gerade desjenigen vorzutragen, der den Physiokratismus zuerst englisirt hat, also Adam Smith's, sondern vielmehr diejenige Gedankenverbindung, welche von der soge=

nannten Englischen Schule und ihren Anhängern in allen Ländern notorisch als Freihandelslehre herausgebildet worden ist. Die Frage, ob schon der Schöpfer dieser Schule dies alles so gedacht und gelehrt habe, ist dabei völlig gleichgültig, und gerade das möchten wir mit Bezug auf denselben hier betonen, daß Adam Smith in keiner Weise für das verantwortlich gemacht werden kann, was man als sein „System" auszugeben beliebt. Smith schrieb in der Zeit des ersten großartigen Aufblühens der englischen Fabrikindustrie, als Vertreter der Ansichten des gebildeten Mittelstandes, der seine Anschauungen und Interessen als die der ganzen Welt maßgebenden proclamiren konnte, weil der Feudalismus überwunden war, während die Lohnarbeiter sich noch nicht als eine Klasse mit gemeinsamen Interessen fühlten und geltend machen konnten. Von diesem Standpunkte und für dieses Publikum hat er die physiokratischen Ideen in der englischen hausbacken breittretenden Commonsense-Manier zurechtgemacht. Von einem Bewußtsein der socialen Tragweite der Gedanken ist bei ihm ebenso wenig die Rede wie von der klaren Entwickelung irgendeines volkswirthschaftlichen Begriffes (auch des der Arbeit nicht) oder der systematischen Durcharbeitung des Ganzen. Diese wurde erst von den Franzosen einigermaßen wieder nachgetragen, während die deutsche Wissenschaft sich bis auf wenige Vertreter, wie z. B. List, bis gegen Mitte dieses Jahrhunderts in fast gänzlicher Receptivität verhielt; wenn man nicht rein äußerliche, man möchte sagen philologische Ummodelungen, wie z. B. die eines Lotz, noch heute für originale Leistungen ausgeben will. Die Bezeichnung der „Freihandelslehre" als „Smithianismus" darf also nicht in dem Sinne

einer specifischen Theorie des Adam Smith verstanden
werden, dem es allerdings durch seine zeitgemäße populäre
Bearbeitung der Wirthschaftswissenschaft in einem Lande
von so hervorragenden industriellen Interessen gelungen
war, die allgemeine Theilnahme für diese Gedanken anzuregen.

Vergegenwärtigen wir uns also die Grundzüge dieser
Lehre, so sind sie folgende:

Grund und Zweck der Volkswirthschaft ist die Bedürf=
nißbefriedigung. Die Bedürfnisse der Menschen sind un=
begrenzt; sie wachsen mit der Menge der Güter, welche zu
ihrer Befriedigung erzeugt werden. Je mehr sie wachsen
und befriedigt werden können, desto vollkommener ist die
Volkswirthschaft, deren Ziel also die größtmögliche Gewin=
nung von Gütern ist. Diese aber entstehen durch die Arbeit,
die mit Hülfe der Natur Güter schafft, und mit Hülfe der
aufgesammelten Arbeitsproducte, des Kapitals, wiederum
neue Productions= und Consumtionsmittel erzielt. Wie das
Kapital durch aufgesammelte Arbeit erzeugt wird, so dient
dasselbe der Arbeit als Grundlage zu neuem Schaffen; und
um möglichst viel Güter zu erzeugen, kommt es darauf
an, das Kapital und die Arbeit so intensiv wie möglich
auf die Natur wirken zu lassen. Die größte Wirksamkeit
wird aber hervorgehen aus dem möglichst ungehemmten
Wirken der wirthschaftlichen Kräfte. Darum ist die Frei=
heit der Production die Grundbedingung reichlicher Produc=
tion, blühender Volkswirthschaft, hohen Nationalreichthums.
Die Freiheit der Production hängt aber davon ab, daß
keine äußere Gewalt, also namentlich nicht die Staats=
gewalt, in die wirthschaftliche Thätigkeit eingreift. Der
Staat mit seinen künstlichen Mitteln ist nicht im Stande,

die größtmögliche Production hervorzurufen, er wird vielmehr störend in die Aeußerung desjenigen menschlichen Naturtriebes eingreifen, welcher jedem Wirthschaftenden den Weg zur zweckmäßigsten und besten Production zeigt: des Selbstinteresses. Dies ist diejenige Macht, welche jeden einzelnen und somit auch alle zur ergiebigsten Wirthschaft führt. Also lasse man dieselbe als treibenden Factor der Gütererzeugung frei walten, dann wird jeder seine Arbeit und sein Kapital dahin wenden, wo sie am nützlichsten angewendet werden. Man beschränke also in keiner Weise weder das Kapital, seinen Profit aufzusuchen und wahrzunehmen, noch auch die Arbeit, ihren Lohn da zu suchen, wo sie ihn am besten zu finden glaubt. Aus der Freiheit in Verfolgung des Eigeninteresses wird ein Wettkampf der Kapitalisten und der Arbeiter untereinander entstehen, in welchem derjenige siegen wird, der zu denselben Kosten am meisten, d. h. also am billigsten, und zugleich am rationellsten producirt. Keine andere Schule als die der Freiheit vermag diese wohlthätige Wirkung zu erzeugen. In dieser Weise entsteht mithin die größte Masse von Gütern, und die Consumenten werden dadurch am besten mit allem versorgt, was sie bedürfen, ohne daß eine künstliche Regelung noththäte. Denn in diesem natürlichen Verlaufe der Volkswirthschaft ersteht da, wo ein Bedürfniß nach Gütern besteht, auch eine Nachfrage danach, und wo Nachfrage ist, da werden sich naturgemäß auch Leute finden, welche bestrebt sind, dieselbe zu befriedigen, weil sie ihr eigener wirthschaftlicher Vortheil dazu treibt. Es stellt sich also der Nachfrage ein Angebot gegenüber; und hierdurch wird nicht nur die Gütererzeugung auf ganz natürlichem Wege, durch sich selbst, veranlaßt und geregelt, sondern sie geschieht auch gerade durch dieses Gegenüberstehen von Nachfrage und Angebot in der für die Consumenten erwünschtesten Weise. Wenn nämlich die Nachfrage nach einer bestimmten Art von Gütern stärker ist als das Angebot, so werden zwar die Nachfragenden zunächst genöthigt sein, sich untereinander starke Concurrenz zu machen und die Waaren zu einem Preise zu bezahlen, der sehr viel über den Erzeugungskosten steht; solche Preise werden aber sehr bald Andere anlocken, die Waaren gleichfalls zu produciren und anzubieten. Es werden dann also die Anbietenden untereinander in eine stärkere Mitwerbung treten, dergestalt, daß die Waare bald zu einem Preise zu erlangen sein wird, der sich den Erzeugungskosten möglichst nähert, unter die er auf die Dauer natürlich nicht fallen kann; sodaß also regelmäßig ein für beide Theile befriedigender Preis der Waaren sich herstellen wird. So stehen sich mithin Producenten und Consumenten, Nachfragende und Anbietende in einem beständigen, aber wohlthätigen Kampfe gegenüber, der sich ganz naturgesetzlich vollzieht.

Dasselbe Verhältniß wie zwischen Verkäufern und Käufern der im gewöhnlichen Sinne so genannten Waaren findet zwischen den Inhabern von Kapital und denen von Arbeit, zwischen den Unternehmern und den Arbeitern statt. Das Kapital braucht Arbeitskraft, um verwerthet werden zu können, und die Arbeit hat zur Voraussetzung das Kapital, um sich äußern zu können, der Kapitalist tritt als Nachfrager, der Arbeiter als Anbieter der Waare Arbeit auf. Je größer die Productivität des Kapitals ist, desto mehr Arbeit kann beschäftigt werden, und je mehr Arbeit beschäftigt wird, desto größer ist die Productivität des Kapitals. Auch hier regelt das Naturgesetz von Angebot und Nachfrage mit Hülfe der Concurrenz die Verhältnisse, denen sich der Einzelne unterwerfen muß.

Wenn man auf diese Weise die wirthschaftlichen Dinge ihrer Freiheit, ihrem natürlichen Gange überläßt, so wird dadurch die Volkswirthschaft auf die denkbar einfachste und vollkommenste Weise in Thätigkeit versetzt und geregelt, und die wirthschaftlichen Interessen Aller kommen dabei aufs beste zur Geltung und schließlicher Versöhnung. Denn gerade durch den Kampf der Interessen wird mit Naturnothwendigkeit eine Harmonie den Interessen erzeugt, weil, wenn alle ihren Vortheil frei verfolgen können und über den besten Weg durch ihr Eigeninteresse belehrt werden, auch alle zu ihrem Vortheil kommen müssen. Auf diesem Wege wird auch die zweckmäßigste Anwendung des Kapitals und Theilung der Arbeit erreicht; es wird dadurch zum geringsten Kostensatz am meisten, also am billigsten producirt, es wird die größtmögliche Menge von Bedürfnissen befriedigt. Und damit ist der Zweck der Volkswirthschaft: die Erzeugung des größten Nationalreichthums erreicht.

Vorstehendes darf man wol, ohne Einwendungen wegen der Richtigkeit befürchten zu müssen, als die principielle Grundlage des Smithianismus oder Freihandelssystems hinstellen, aus der sich dann die theoretischen Details und die Folgerungen für die Volkswirthschaftspolitik ergeben. Ebenso darf man behaupten, daß die Vertreter dieser Lehre dieselbe nicht aufgefaßt wissen wollten nur als Hülfsmittel zur Erklärung der wirthschaftlichen Vorgänge in der Wirklichkeit, sondern als unmittelbar für die Praxis geeignet.

Der innige Zusammenhang dieser Lehre mit der damals herrschenden „naturrechtlichen" Schule, ihr völliges Absehen vom geschichtlichen Entwickelungsproceß, ihre Voraussetzung: daß die wirthschaftenden Menschen sich gleich stark und frei gegenüberstehen, liegen klar zu Tage, zugleich aber auch, daß in ebendiesen Punkten die Schwäche dieser Anschauungen liegt.

Die wirthschaftliche Gesetzgebung, zunächst darauf bedacht, alle productiven Kräfte zu entfesseln, folgte diesen Ideen. Sowol in der Industrie wie in der Landwirthschaft wurden die alten Bande der Ueber- und Unterordnungen, welche Arbeitsherrn und Arbeiter miteinander verknüpften, aufgehoben, und es gab danach wirthschaftlich nur noch Unternehmer, die im Besitz der Arbeitsmittel waren, und Arbeiter, welche die Waare Arbeit ihr eigen nennen konnten. In die erstere Klasse rückten die Besitzer von größern beweglichen und unbeweglichen Kapitalien ein, und eine Anzahl von Emporkömmlingen aus dem Arbeiterstande, welche durch die Chancen der neu aufblühenden Industrien begünstigt waren, gesellte sich zu ihnen; in die zweite kamen die bisher an die Scholle Gefesselten, ferner die Gesellen und Lehrlinge der Industrie, zum guten Theil auch kleinere Besitzer, resp. Handwerker, die im Concurrenzkampfe mit der sich rasch entwickelnden, in den meisten Zweigen zuerst in England erprobten, Großindustrie unterlegen.

Die Entstehung und Ausbreitung dieses neuen Standes von Lohnarbeitern ist so folgenreich und die Erkenntniß seines Wesens für das Verständniß der socialen Bewegung so wichtig, daß hierbei etwas verweilt werden muß.

Der Großbetrieb, auf den die wirthschaftliche Entwickelung in den meisten Zweigen der Erwerbsthätigkeit mehr oder minder rasch hindrängt, hat nicht nur das früher mehr persönliche Verhältniß von Producenten und Consumenten verändert, den Consum verbilligt, aber auch der Individualität entkleidet, auf die Vertheilung, bezw. Concentrirung und die rasche Vermehrung der Bevölkerung hingewirkt, sondern namentlich auch die Ausbreitung des freien Lohnarbeiterstandes befördert, sodaß diese Arbeitsform jetzt die herrschende ist, während sie vorher nur einen kleinen Theil der Bevölkerung umfaßte, als Ausnahme angesehen werden konnte. Die Eigenthümlichkeiten derselben liegen erstens darin, daß der Arbeitsvertrag juristisch frei und auf kurze Dauer abgeschlossen ist, keine dauernde Beziehung zwischen Unternehmer und Arbeiter weder in Bezug auf die Unternehmung noch in Bezug auf die Hauswirthschaft im Gefolge hat, und zweitens in der Art des Einkommens der Arbeiter. Dasselbe ist eine Abfindung in Geld, welche mit dem Werthe des durch die Arbeit erzeugten Products unmittelbar nichts zu thun hat, auch in der Regel vor der Verwerthung des Products als Waare durch den Unternehmer gezahlt wird. Durch die Ausdehnung des Großbetriebes werden ferner selbstverständlich die Chancen des Lohnarbeiters auf wirthschaftliche Selbständigkeit verringert, während mit der Ausdehnung des Marktes und der Speculation auf weite Kreise die Schwankungen der Productionsverhältnisse, welche für die Arbeitsgelegenheit und Lebenslage des Lohnarbeiters bestimmend sind, häufiger werden. Besondere Uebelstände bringt noch der eigentliche industrielle Fabrikbetrieb mit sich, die indessen hier nicht weiter berührt zu werden brauchen.

Indem nun diese Arbeits- und Lohnform sich immer

mehr ausbreitet, wird eine große ihrer Lebenslage nach gleiche Masse von Lohnarbeitern, ein besonderer Arbeiterstand geschaffen, vermittels dessen zwar ganz außerordentliche industrielle Erfolge erzielt werden können, der aber als solcher eben in einen gewissen Gegensatz zu der übrigen Gesellschaft tritt, und durch den beständigen Kampf um die Lohnhöhe sehr leicht zu einer oppositionellen Stellung gedrängt wird, die in besondern socialpolitischen Ansprüchen Ausdruck findet.

Wenn nun einerseits diese durch ihre Besitzlosigkeit ökonomisch wenig widerstandsfähige Klasse dem freien Concurrenzkampfe überlassen blieb, andererseits die Unternehmer die ihnen von der nationalökonomischen Lehre so dringend ans Herz gelegte Pflicht größtmöglicher Production von Reichthum energisch erfüllten, ohne auf den Gebrauch von Menschenmaterial Rücksicht nehmen zu müssen und für die Invaliden der Arbeit unmittelbar verantwortlich zu sein, so konnte es nach dem natürlichen Verlauf der Dinge nicht anders sein, als daß Uebelstände und Misbehagen in der arbeitenden Klasse entstanden, die zu Kämpfen führten, wenn man ihrer nicht durch Reformen Herr wurde.

Diese Uebelstände waren natürlich zuerst in den industriell fortgeschrittensten Ländern zu erwarten, und daß sie in der That nicht ausblieben, davon geben eine Anzahl gründlicher Untersuchungen, die seit den dreißiger Jahren dieses Jahrhunderts über die Lage der arbeitenden Klassen angestellt wurden, unzweifelhaftes Zeugniß. In Frankreich waren besonders die Forschungen von Villermé über die in der Textilindustrie Beschäftigten (1838) epochemachend; dann die Schriften von Fregier, Parent-Duchatel, Buret. Für

England gaben die Untersuchungen über die Lage der arbeitenden Klassen von Friedrich Engels (1845), wenn auch die Schattenseiten geflissentlich hervorkehrend, Stoff zum ernstesten Nachdenken, und die bis in die neueste Zeit fortgesetzten parlamentarischen Enquêten über die Verhältnisse einer Reihe von Gewerben lieferten beständig neues Material dieser Art, welches von Karl Marx in seinem Buche „Das Kapital" (1867) ausgiebig, wenn auch einseitig verwerthet worden ist. In andern Ländern geschah zu Ergründung der Lage der arbeitenden Klassen von Staat und Privaten vergleichsweise wenig, und namentlich für Deutschland ist der Vorwurf zu machen, daß die Gewerbegesetzgebung ohne genügende praktische Vorbereitung durchgeführt worden ist, und daß noch fortwährend über die Vorzüge und Mängel derselben gestritten wird, ohne daß zweckmäßige Erhebungen über die wirthschaftlichen Zustände selbst gemacht werden, sodaß das Feld für den Kampf mit allgemeinen Behauptungen von dieser und jener Seite weit offen bleibt.

In diesen ökonomischen Uebelständen der neuen Erwerbsordnung, welche ganz besonders in den Verhältnissen des Lohnarbeiterstandes zu Tage traten, waren nun also Elemente der Opposition gegeben, welche neue socialpolitische Ideen aufstellte.

Wir müssen diese dem Freihandelssystem oppositionellen Ideen schon hier wenigstens so weit verfolgen, daß mit den Vorläufern der socialpolitischen Reform- und radicalen Ideen unserer Zeit in Deutschland bekannt gemacht wird, um für die spätere Schilderung unserer deutschen Parteien sogleich die Anknüpfungspunkte zu finden.

Zu gleicher Zeit als Robert Malthus seine berühmte

Bevölkerungstheorie entwickelte, welche volkswirthschaftlich hinfällig ist aus dem einfachen Grunde, weil sie übersieht, daß die Menschen nicht unmittelbar der Natur, bezw. der natürlichen Fruchtbarkeit der Erde gegenüberstehen, sondern die Naturkräfte vermittels der Eigenthumsordnung beherrschen und sich zugänglich machen; und David Ricardo seine nicht minder berühmten Untersuchungen über den Arbeitslohn anstellte, welche gleichfalls auf das traurige Ergebniß hinauslaufen, daß der Lohnarbeiter nur, sofern es ihm gelingt, durch langsame natürliche Vermehrung hinter derjenigen des Kapitals zurückzubleiben, seine Lage zeitweilig etwas günstiger gestalten könne — zu derselben Zeit wurde schon Simonde de Sismondi durch den Anblick der englischen Zustände über den Werth der Freihandelslehre irre, ohne indeß auch nur zu den Anfängen einer neuen Theorie zu kommen.

Als den eigentlichen Schöpfer aber der socialpolitischen Kritik, dessen Gedanke, wenn auch noch verworren und unverarbeitet, von den weittragendsten Folgen, praktischen und theoretischen, für die Jetztzeit geworden sind, müssen wir Saint-Simon ansehen; und es wird wenigstens in großen Zügen anzudeuten sein, wie sich seine noch sehr ungestalteten Ideen durch verschiedene Stadien zum modernen socialdemokratischen Gedanken geklärt und concentrirt haben.

Henri de Saint-Simon stellte in seiner „Parabole politique" (1819) die für damalige Zeit kühne Frage auf, ob es für Frankreich nachtheiliger sein würde, wenn es plötzlich die ganze königliche Familie, den ganzen Hofstaat, den ganzen höhern Klerus, die ganze obere Beamtenwelt, in Summa die dreitausend höchstgestellten Personen des Landes verlöre, oder wenn es seine dreitausend größten Gelehrten und besten Arbeiter verlieren würde. Er entschied sich dafür, daß der Verlust der besten Arbeitskräfte ein unendlich schwerwiegenderer für das Land sein würde, während jene höchsten Stellungen sehr leicht wieder auszufüllen wären. Ein ernsthafter Satz in drolliger Form. Sieht man diese Fragestellung und ihre Beantwortung näher an, so hat sie eine größere Bedeutung, als man ihr auf den ersten Blick zuzuschreiben geneigt sein möchte. Es ist die große Frage nach der Stellung des Besitzes und der Arbeit in der Gesellschaft, welche sich hier in einer bizarren Weise äußert, welcher aber seit der Neugestaltung der Gesellschaft auf dem Princip der rechtlichen Freiheit und Gleichheit ein ganz neues Gewicht beigelegt worden war. Es liegt in der Frage das ganze sociale Programm Saint=Simon's, aus dem das Bewußtsein der socialen Frage in der modernen Gesellschaft erwachsen ist. — Saint=Simon wollte also hiermit sagen, daß die Arbeit — er nennt sie im weitesten Sinne des Worts „l'industrie" — in der Gesellschaft nicht an demjenigen Platze sei, der ihr gebühre. Da die Vertreter des Smithianismus, welche ihre Theorie für die unfehlbare, weil naturgesetzliche hielten, bewiesen, daß die Arbeit die Erzeugerin aller Werthe und die Erhalterin der Nationen sei, während in der That der Besitz und nicht die „Arbeit" die herrschende Rolle in der Gesellschaft einnahmen, wollte Saint=Simon die Folgerungen aus jener Theorie für die Organisation der Gesellschaft gezogen wissen. Er wollte, daß die Stellung der „Industrie" in der Gesellschaft eine ihrer grundlegenden Wichtigkeit für dieselbe gemäße sei. Saint=Simon forderte für die Kraft, welche den Behauptungen der Wissenschaft nach die Gesellschaft trug und erhielt, auch die erste

Stelle, die Herrschaft in dieser. Und was er hier in seiner „Parabole" witzig und schlagend skizzirt hatte, führte er weiter aus in einer Schrift, die erst in der letzten Periode seines Lebens, deren Anfang durch einen Selbstmordversuch bezeichnet ist, erschien, dem „Catéchisme des industriels". Er beginnt denselben mit der Frage: Was ist ein Industrieller? und beantwortet sie dahin, er sei ein solcher, der arbeitet, um die Mittel zur Befriedigung der Bedürfnisse und Genüsse für die Menschen zu erzeugen oder zugänglich zu machen. Die Gesammtheit derselben repräsentire daher die Gesammtheit der für die Existenz der Gesellschaft maßgebenden Arbeit. Und wenn man nun zusehe, welchen Rang diese bedeutendste Klasse in der Gesellschaft einnehme, so bemerke man, daß sie in die letzte Reihe gestellt sei, und wenn man sich frage, welchen Rang sie einnehmen sollte, so müsse man zugeben, daß ihr der erste unter allen zukäme. Es sei mithin die Aufgabe der Wissenschaft, der Industrie die ihr gebührende sociale Stellung zu verschaffen. Saint-Simon verkündet hiermit also zuerst die Herrschaftsberechtigung der Arbeit auf Grund ihrer wirthschaftlichen Wichtigkeit. Um diesen Punkt drehen sich seine socialreformatorischen Bestrebungen, und somit regt er eine Idee an, die allmählich zu einem Klassenbewußtsein der Arbeiter gestaltet, mannichfach verfälscht und verhüllt, von den Mittelpunkten der großen Industrie aus sich in immer weitere Schichten fortpflanzt und zum Gärungsstoff wird. — Jetzt war der Arbeit, die ja schon von den Freihändlern mit Emphase als Quelle des Nationalreichthums verkündet worden war, deren Lehre man deswegen sogar als „Industriesystem" zu bezeichnen liebte, plötzlich eine ganz neue Bedeutung beigelegt.

Jene hatten die „Arbeit" als technischen Productionsfactor, als Mittel zur Bildung des Kapitals aufgefaßt, aber sie hatten daraus nichts für die Arbeiter gefolgert; sie nahmen die alte Eigenthumsordnung, wo nur der Besitz wieder Besitz erwarb, und die schon ähnlich im Sklavenstaate des Alterthums bestanden hatte, als gegeben hin und leiteten aus dem wirthschaftlichen Wesen der Arbeit keinerlei gesellschaftliche Berechtigung ab; sie ignorirten vollständig den Zusammenhang zwischen Gesellschaft und Volkswirthschaft. Diesen aber sucht eben Saint=Simon herzustellen; er erhebt die Arbeit von einem technischen zu einem gesellschaftlichen Element; er faßt die Organisation der Volkswirthschaft als ein Motiv für die Gesellschaft auf. Und indem er diesen Gedanken wissenschaftlich verfolgt, gründet er den Socialismus.

Wie Saint=Simon diese seine Grundidee in jener bizarren Form ausgesprochen hatte, so ist auch fast kindlich und doch tiefsinnig seine geschichtsphilosophische Entwickelung, welche erklären soll, wie es gekommen sei, daß die Industriellen, als die größere Masse der Nation von physischem und geistigem Uebergewicht, durch die Minorität der gegenwärtig Herrschenden unterworfen worden seien. — Dieselbe zu verfolgen ist hier nicht nöthig; wir dürfen uns begnügen, zu constatiren, daß ihm die Folgerung daraus hervorgeht, der gegenwärtige Zustand der Gesellschaft sei keineswegs, wie das der Smithianismus mindestens stillschweigend voraussetzt, der beste und vollendetste, die wahre Civilisation sei in ihm nicht verwirklicht, sondern es müsse noch der fernere Schritt gemacht werden, eine Organisation der Gesellschaft zu bilden, in welcher die Klasse der Besitzenden und der

„Legistes" sowol wie auch die militärische Gewalt dem arbeitenden Theil der Gesellschaft untergeordnet ist und ihm allein dient, sodaß sich aus der altgeschichtlichen feudalen Ordnung des Staats eine durchaus industrielle als Höhepunkt der Civilisation entwickele. „Und", ruft er aus, „dies unternehmen wir, wir unternehmen es, die Industiellen zur höchsten Stufe der Achtung und Macht zu erheben!" Das industrielle System soll auf dem Princip der wirklichen, vollkommenen Gleichheit gegründet, jedem Recht der Geburt und jedem Privilegium entgegenstehend sein. Um dies vorzubereiten, dazu sei es nöthig gewesen, daß das Reich der Industrie erst verstandesmäßig begriffen wurde. Er starb mit den glaubensfreudigen Worten: „Die Zukunft ist unser!" in den Armen seiner Schüler.

Derjenige, der sich über den Gesichtskreis der gegebenen wirthschaftlichen Zustände einigermaßen zu dem freiern Blick geschichtlicher Auffassung erhebt, wird zugeben müssen, daß Saint=Simon bei der Aufzeigung jener Differenz zwischen volkswirthschaftlicher und socialer Organisation wirklich auf ein großes, noch ungelöstes Problem hingedeutet hatte; jeder aber wird erkennen, daß jener Gedanke, sobald er der arbeitenden, besitzlosen Menge des Volks in greifbarer Weise zugeführt wurde, allmählich zu einer Kraft werden konnte, ja mußte, durch welche die Keime socialer Unzufriedenheit und des Klassenzwistes sich entwickelten. Freilich, in der abstracten Formulirung, welche ihm Saint=Simon gegeben hatte, konnte er so nicht wirken.

Saint=Simon selbst hat nie einen Versuch zur Durchführung seiner Ideen auf dem Wege der praktischen Agitation und Organisation gemacht; er hat unter Aufopferung aller

seiner Kräfte und Mittel, dem äußern Genuß und Erfolg
entsagend, für die geistige Durcharbeitung seiner civilisatori=
schen Idee gerungen und kein Mittel angegeben, wodurch
die Idee verwirklicht werden könne; er hatte auch direct
keine der Einrichtungen angegriffen, auf welchen die alte
Gesellschaftsordnung beruht, weder die Familie, noch das
Sondereigenthum, noch das Erbrecht. Daran aber mußten
sich die socialreformatorischen Ideen knüpfen, sollten sie
Gestalt gewinnen. Und diese wurde ihnen, wie bekannt, ge=
geben durch Saint=Amand Bazard, der dem Zweifel, welchen
schon Saint=Simon an dem absoluten Rechte des Eigen=
thums ausgedrückt hatte, dadurch Bestimmtheit gab, daß er
das gegenwärtige Familienerbrecht für unrationell, unökono=
misch, antisocial erklärte.

Erst durch das Auftreten Bazard's gewinnt der Saint=
Simonismus greifbare Form und treibende Kraft; die socia=
len Mängel finden einen stärkern und wirksamern Aus=
druck. — „Wenn wir", so meint Bazard, „die Lage der Völker
Europas betrachten, was ist denn eigentlich ihr Zustand?
Ueberall, in Kirche, Staat und Gesellschaft sehen wir Zer=
fahrenheit und Unfrieden. Blicken wir nur auf die Gesell=
schaft, wie viel Elend entfaltet sich vor unsern Augen, wenn
wir sie nicht absichtlich verschließen! Unsere Zeit ist eine
wesentlich industrielle; aber die Industrie, die alle Einzelnen
vom Joche der Autorität befreien und zum Glück führen
sollte, ist jetzt ein Schlachtfeld, auf dem unter tausend
Ruinen und zwischen elenden Hütten sich sparsam die kolossa=
len Gebäude des Reichthums erheben, die jedes junge Glück
und Streben erdrücken. Das gegenwärtige Recht der In=
dustrie ist die Concurrenz; aber diese ist ein Krieg Aller

gegen Alle, der mit der Vernichtung der Mehrheit endet. Der Untergang der Schwachen ist eine regelmäßige Erscheinung, die man kalt bedauert, ohne ihr abzuhelfen. Ist das die Aufgabe der Menschheit? Wie kann man anders als mit der tiefsten Trauer einen Zustand betrachten, in dem der Unfriede das Losungswort, der Kampf das Leben ist?" Und nun fragt er weiter, ob dieser Zustand der Gesellschaft ein nothwendiger sei, und kommt zu der Antwort, daß dies nicht der Fall sei. Die Gesellschaft trage das Princip und den Beruf zur fortschreitenden Entwickelung und Verbesserung in sich, und diese anzubahnen sei die Pflicht derer, welche die Mängel der gegenwärtigen Organisation erkennen. Die Ausbeutung des Menschen durch den Menschen müsse aufhören und die gesellschaftliche Harmonie hergestellt werden. Dies aber könne nur geschehen, wenn die Rechtsformen, in denen sich das gegenwärtige Wirthschaftsleben bewegt, aufgehoben oder wesentlich modificirt werden. Und hier sei es vor allem das gegenwärtige Eigenthumsrecht, welches einer jeden solchen Verbesserung im Wege stehe. Und zwar, meint Bazard, ist der Grundirrthum unserer Zeit in Beziehung auf das Eigenthum der, daß man das gegenwärtige Recht derselben als ein absolutes und durchaus nothwendiges und unabänderliches — der Smithianismus nannte es „naturgesetzlich" — ansieht, im Gegensatz zu allen geschichtlichen Erfahrungen, welche die verschiedensten Abstufungen derselben zeigen. Und nun kommt ein wichtiger Schritt in den Deductionen Bazard's; er sagt: Gegenwärtig ist jeder Besitz noch immer Besitz der Familie, untrennbar von derselben durch den Tod ihrer Glieder. Dennoch hat die fortschreitende Zeit, indem sie die Erblichkeit der Aemter, welche früher bestand, aufhob, schon das wahre Mittel zur Lösung der principalen socialen Frage angedeutet. Und dieses ist nun einfach: nicht die Aufhebung des Sondereigenthums, vielmehr die Aufstellung des Erbrechts des Verdienstes anstatt des Erbrechts der Blutverwandtschaft; und die Vermittelung beider liegt in dem Grundsatz, daß bei dem Tode des Besitzers nicht die Familie, sondern die Gesammtheit der Gesellschaft, unter deren Mitwirkung das Eigenthum erworben und erhalten wurde, und als Repräsentant derselben der Staat, durch dessen Rechtsschutz das Eigenthum überhaupt erst möglich wird, als Erbe eintrete.

In dieser Formulirung Bazard's hat der Saint-Simonismus seinen eigenthümlichen privatrechtlichen Grundsatz und das Mittel gefunden, dasjenige, was die Nationalökonomen emphatisch als Nationalreichthum bezeichneten, zur Disposition der Gesellschaft und des Gesammtwillens zu stellen, und zugleich war der socialen Agitation ein Ziel vorgezeichnet, auf das sie hinarbeiten sollte. Jetzt wurde dem „Kapitalismus" der „Socialismus" handgreiflich gegenübergestellt. Hier wurde versucht, den Zusammenhang der Begriffe von Kapital, Eigenthum und Arbeit herzustellen, den die herrschende Wissenschaft der Nationalökonomie aufzusuchen unterlassen hatte, indem man der „Arbeit", welche nachgewiesenermaßen das Kapital schuf, auch das Eigenthum, den socialen Inhalt des Kapitals, zuweisen wollte.

Die hier angedeutete Theorie des Erbrechts ist später von den Saint-Simonisten selbst auf ein bescheidenes Maß: das Verlangen hoher, progressiver Erbschaftssteuern und Aufhebung des Erbrechts in denjenigen Verwandtschaftsgraden wo die ökonomische Rechtfertigung derselben aufhört, zurück geführt worden, und heutzutage haben sehr gemäßigte Vertreter der Wissenschaft einen vernünftigen Sinn in diesen Forderungen anerkannt. — Indessen sind dieselben als Agitationsmittel gegenwärtig in den Hintergrund getreten, theils vor weiter gehenden Forderungen, theils vor dem speciellen Kampf zwischen Arbeiter und Unternehmer, hinter welchem augenblicklich der zwischen Besitzenden und Besitzlosen überhaupt zurücktritt. Indessen liegt darin nicht sowol ein Aufgeben jenes letztern Kampfes selbst als eine Aenderung der Kampfesweise, und der Saint=Simonismus hat den einen so gut wie den andern veranlaßt. Er hat das Volk gelehrt, bei den politischen Fragen auch an deren wirthschaftliche Consequenzen zu denken, er hat die Organisation der besitzlosen Arbeitenden gegen die Besitzenden begonnen. — Von ihm stammt der schneidende Gegensatz in den socialpolitischen Zielen beider: daß nämlich, während erklärlicherweise die Besitzenden Freiheit, d. h. Unbeschränktheit und Organisationslosigkeit der Arbeit und des Verkehrs wollen, weil ihnen ihre „natürliche" Stärke genügt, andererseits die Arbeitenden gerade zu ihrem Schutze gegen das natürliche Uebergewicht der Besitzenden eine Organisation der Industrie durch eine höhere, über dem Interessenkampfe stehende Gewalt wünschen.

So ließen sich die Forderungen der „Enterbten", wie Lassalle später die Lohnarbeiter nannte, immer deutlicher hören und gestalteten sich die Klassengegensätze immer wahrnehmbarer. Indessen, wo war der Staat, in dem diese Forderungen erfüllt, diese Parteibestrebungen ausgetragen werden konnten? Konnten die Arbeiter, die Besitzlosen im modernen Staat, eine Berücksichtigung und Prüfung, ja auch nur unangefochtene Aeußerung ihrer Wünsche erwarten? Niemand konnte dies glauben, wenn er das Maß der Freiheit und Gleichheit prüfte, welche das „Industriesystem" dem Volke erfochten hatte. In den meisten Staaten waren durch einen hohen Census die Aermern von der politischen Stimmberechtigung ausgeschlossen; in allen wichtigen Staaten Europas ließ das Bestehen von Coalitionsverboten, die sogar zum Theil erst mit Beginn der neuen liberalen Aera neu eingeführt oder verschärft worden waren, unzweideutig erkennen, daß die Freiheit der Arbeiter noch keineswegs für eine nothwendige Ergänzung der Freiheit der Arbeit gehalten wurde, und das Steuersystem unserer Staaten ließ wohlbegründete Zweifel an der Durchführung der wirthschaftlichen Gleichheit zu. — Ganz unzweifelhaft aber bestanden mindestens bis in die Mitte unsers Jahrhunderts — wer dürfte es zu leugnen wagen, ohne sich der Geschichtsfälschung schuldig zu machen? — überall Institutionen, welche bewiesen, daß der liberale Rechtsstaat vor allem den Bedürfnissen der besitzenden Klassen angepaßt war, in welche aufzusteigen der Besitzlose wol das Recht, aber immer noch so selten wie zuvor die Möglichkeit hatte. Nichts lag also näher, als daß die Besitzlosen, resp. deren geistige Vertreter sich immer eingehender mit dem Gedanken beschäftigten, in welcher Weise der moderne Staat für die sociale Reform verwendbar sei, und auf welchen Punkt es dabei speciell ankomme.

Es war unvermeidlich, daß man dadurch der durch Saint-Simon schon angebahnten Verschmelzung der politischen und socialen Reform näher trat. Für diese waren auf dem Continent die Bewegungen des Jahres 1848 entscheidend, während man in England noch auf rein wirthschaftlichem Wege vorzubringen suchte; — und wiederum war es die weit und scharf ausdenkende Conception eines Franzosen, welche eine entscheidende Formel für den Reformgedanken fand.

Louis Blanc, groß und kühn im Erfassen radicaler so= cialpolitischer Gedanken, unsicher im Moment, wo es die That galt, ging in seiner „Organisation du travail" (1839) einen weitern wichtigen Schritt über Saint=Simon hinaus und formulirte die Ansprüche der Besitzlosen an die Gesell= schaft zu einem Agitationsprogramm, welches eine ungleich nachhaltigere Anregung geben mußte als die von Bazard aufgestellte Forderung, weil es die sociale Reformfrage aus dem Gebiete der Rechtsordnung in dasjenige der Verwaltung verlegte und zugleich einen Weg zur Umwandlung der Stellung der Besitzlosen als Arbeiter in der Volkswirth= schaft bezeichnete.

Louis Blanc knüpft an jenen Gedanken an, den wir schon bei Bazard gefunden haben: daß die von der herr= schenden Wissenschaft als Vermittlerin der allgemeinen Har= monie gepriesene Concurrenz ein culturfeindliches Princip in der Gesellschaft sei, welches fortdauernden Kampf, der ja unmöglich die Aufgabe der Menschheit sein könne, und Unterdrückung der Mehrzahl zu Gunsten einer Minderheit mit sich bringe. An die Stelle dieser jetzt die Volkswirth= schaft bewegenden Kraft müsse also eine andere gesetzt werden, welche dieselbe zu Gunsten auch der Besitzlosen zu organisiren im Stande sei. — Wenn es nun aber das große Kapital sei, welches vermittels der Concurrenz auf rein volkswirth= schaftlichem Wege die Gesellschaft unterjocht, so müsse man auf demselben Wege die Macht des Kapitals brechen können, wenn man einen größern Kapitalisten findet, welcher bereit wäre, die Uebermacht der großen Kapitalisten zu Gunsten der Gesammtheit zu vernichten. Dieser Kapitalist ist aber vorhanden; es kommt nur darauf an, daß man ihn seine Mittel in dieser Richtung anzuwenden veranlasse. Dieser größte Kapitalist nämlich, der nicht nur die Macht hat, die übrigen zu unterwerfen, sondern auch vermöge seiner innern Natur das höchste Interesse hat, den Besitzlosen zu helfen, ist der Staat. Er kann und soll als Regierungsgewalt den großen socialen Widerspruch, dessen traurige Trägerin die Concurrenz mit ihren verheerenden Folgen ist, lösen. Und die Art, wie der Staat hierbei vorgehen kann, ist diese: Um die Concurrenz zu bewältigen, ohne die ganze sociale Ordnung gewaltsam über den Haufen zu werfen, und so ihre Aufgabe friedlich zu erfüllen, muß die Regierung als höchste Ordnerin der Production angesehen und mit großer Gewalt bekleidet werden. Und dann muß sie die Lösung in der Weise vornehmen, daß sie nach denselben Grundsätzen, wie die Einzelkapitalien sich in ihrem Kampfe bewegen, die Concurrenz durch die Concurrenz verschwinden macht. Es ist nämlich bekannt, warum das größere Kapital stets das kleinere bewältigt und allmählich in sich aufnimmt; es producirt aus verschiedenen Gründen billiger und beherrscht die Chancen des Marktes in höherm Grade als jenes, und tödtet dadurch die Selbständigkeit und schließlich die Existenz minder mächtiger Unternehmer. Wenn also der Staat als notorisch größter Kapitalist mit seinem Vermögen und seinem Credit als Producent und Concurrent auftritt, so wird er allmählich jede Production durch ein kleineres Kapital unmöglich machen. Das kann zwar nicht mit einem male, aber es würde unvermeidlich geschehen. Im Laufe der Zeit wird sich der

Staat durch richtige Anwendung seiner wirthschaftlichen Fähigkeiten ohne Zwang und Gewalt zum alleinigen Herrn der Production machen können. Ist diese Grundlage gewonnen, so läßt sich nun im Sinne der socialen Reform darauf weiter bauen; denn natürlich genügt es nicht, daß der Staat nur Herr der Volkswirthschaft sei, er muß auch seine Herrschaft im Interesse der Gesellschaft verwerthen. Als Souverän der Industrie übernimmt oder errichtet er also die industriellen Werkstätten. Die Verwaltung derselben behält er zunächst ausschließlich. Er erläßt die organischen Gesetze für die Arbeit, welche von der Nationalvertretung gebilligt werden müssen. Die Leitung der Arbeit, oder wie sie mit einem Saint-Simonistischen Ausdruck heißt, die „Hierarchie der Functionen", geschieht anfänglich auch durch ihn selbst. Nach und nach aber läßt er in der Organisation der Arbeit das demokratische Princip zur Geltung kommen. Sobald die Arbeiter die nöthige Einsicht und Geschicklichkeit gewonnen haben, wählen sie ihre Leiter selbst und regeln die Vertheilung des Arbeitsertrages nach dem Grundsatze der Gleichberechtigung. Um sie für diese höhere Auffassung ihrer Stellung zu befähigen, hat selbstverständlich eine entsprechend reformirte Erziehung das Ihrige zu thun.

Wir haben kein Interesse daran, in eine Kritik dieser Blanc'schen Reformidee einzutreten, ebenso wenig wie wir nöthig haben nachzuweisen, daß das berühmte, absichtlich verfehlte Experiment mit den pariser Nationalwerkstätten des Jahres 1848, wo die Forderung des „Rechts auf Arbeit" realisirt werden sollte, kein Beweis gegen Louis Blanc's Arbeiterorganisation ist. Denn die Bedeutung Louis Blanc's liegt keineswegs in seinem praktischen System, sondern vielmehr das Einflußreiche und Bedeutsame seines Auftretens ist, daß damit der Gedanke in die Masse geworfen war, der gegenwärtige Staat sei es, dem die Reform der socialen Uebelstände obliege, und mit den Hülfsmitteln der gegenwärtigen Volkswirthschaft sei eine Besserung des Loses der Arbeiter möglich.

Louis Blanc verlangt weder ein absolut neues sociales Princip noch eine eigentliche Umänderung der Volkswirthschaft nach bisher noch nie erprobten Grundsätzen, sondern er will nur die Richtung der Thätigkeit vorhandener und bekannter Kräfte reorganisiren. Und mit diesem Gedanken war eigentlich erst der Uebergang von der ganzen abstracten Bewegung der socialen Reformidee zum praktischen Leben gegeben. Die Staatsgewalt, deren Stellung und Aufgabe im Zwiespalt der Gesellschaft bisher noch nicht näher, faßbarer bestimmt war, wurde jetzt den arbeitenden Klassen als eine Macht hingestellt, welche unmittelbar zu ihren Gunsten eingreifen könne. Und jetzt war folgender Ideengang ganz natürlich: Wenn einmal der Staat die Möglichkeit, die Volkswirthschaft im Interesse der Besitzlosen zu organisiren, in sich trägt, gleichgültig ob durch die von Blanc empfohlenen Mittel oder durch andere, was hält ihn dann ab, die Möglichkeit zur Wirklichkeit zu machen und die sociale Reform durchzuführen? Offenbar wird er daran nicht durch sich selbst verhindert, sondern durch die Einzelnen, welche jetzt vermöge ihrer wirthschaftlichen Macht auch die politische Regierung in Händen und an socialen Reformen durchaus kein Interesse haben. Welches ist folglich der Weg, den die Arbeiterklasse zu gehen hat, um ihre eigene Lage zu verbessern? Sehr einfach. Da politische Macht dazu gehört, um jenen Einfluß auf die Volkswirthschaft zu üben, so müssen die Besitzlosen trachten, die Staatsgewalt für sich zu gewinnen. Es handelt sich also zunächst darum, daß die Besitzlosen, oder wirthschaftlich betrachtet, die Lohnarbeiter, zur politischen Herrschaft kommen, um die sociale Reform ins Werk zu setzen; das heißt mit Einem Worte, es handelt sich um die sociale Demokratie, mit dem Grundgedanken: die Arbeiter müssen zur politischen Herrschaft kommen, um die Organisation der Arbeit im Widerstande gegen die von den heutigen Besitzenden vertretene „Freiheit" der Volkswirthschaft vermittels der Staatsgewalt durchzusetzen, sodaß also die politische Herrschaft nicht Zweck, sondern Mittel, und die Frage der politischen Verfassung eine verhältnißmäßig untergeordnete ist.

Somit war denn jetzt der Grundgedanke für die sociale Reformbewegung vom Standpunkte der Besitzlosen gefunden, und zwar der einzige, welcher von diesem Standpunkte aus überhaupt erreichbar erscheint; wobei es im Grunde eine Frage der bloßen Zweckmäßigkeit ist, ob derselbe durch friedliche oder kriegerische Taktik zu erstreben sei. Freilich für die Besitzenden, soweit sie sich bei der gegenwärtigen Ordnung wohl befinden und nur zu verlieren haben, ist es ganz ebenso sicher, daß dieser Gedanke ein Angriff gegen die Ordnung, gegen den Staat, gegen die ganze Civilisation ist, und ihnen kann nur der Gedanke gerechtfertigt erscheinen, daß etwaige Mängel, die in der gegenwärtigen Wirthschaftsentwickelung offenbar hervortreten, von Fall zu Fall durch Concessionen und gütlichen Ausgleich zwischen den Interessenten beseitigt werden. Man kann den Besitzenden unmöglich zumuthen, daß sie sich nicht gegen eine Reform stemmen sollen, welche ihre ganze Stellung verändern würde, und muß es

natürlich und gerechtfertigt finden, daß sie tausend Gründe
bringen, um die Unmöglichkeit derselben zu beweisen. Andererseits muß man aber auch begreifen, wie die Arbeiter, sobald
sie über ihre Frage radical nachdachten, zu keinem andern
Standpunkte als zum entgegengesetzten kommen konnten; denn
sie wollen eine gänzliche Veränderung ihrer Stellung, welche
die jetzigen Besitzer nicht wollen können, weil dadurch die
ihrige verändert werden würde; und man hat noch nicht gehört, daß höher situirte, um nicht zu sagen herrschende Gesellschaftsklassen sich freiwillig declassirt hätten; die Arbeiter
konnten dies also auch jetzt nicht erwarten, und waren auch
keine Anzeichen dazu wahrzunehmen.

Wir hätten also jetzt klar bezeichnet zwei entgegengesetzte
Ausgangspunkte für die sociale Parteibildung, an die sich alle
Modificationen derselben anknüpfen können. Auf der einen
Seite die Besitzenden mit dem Interesse am Festhalten der
gekennzeichneten politischen und wirthschaftlichen Ordnung;
auf der andern Seite die Besitzlosen mit dem Interesse an
Erreichung der politischen Herrschaft zur Durchführung der
socialen Reform; die conservative Socialpolitik gegenüber
der Socialdemokratie. Wir werden nun die Parteibildung,
wie sie von da an vor sich geht, leichter verfolgen und beurtheilen können.

## III.

### Die conservativen Parteien.

Die moderne Gesellschaft beruht auf den im vorigen Abschnitt gekennzeichneten Ideen, welche wir die liberalen zu nennen gewohnt sind. Sie waren ursprünglich die Anschauungen des „Bürgerthums" oder „dritten Standes" — Begriffe, welche heutzutage ihren socialpolitischen Inhalt verloren haben. Wie an Stelle der Herren die Unternehmer, so sind heute an Stelle des Bürgerthums die Besitzenden getreten. Das Bürgerthum war in der feudalen — naturalwirthschaftlichen — Gesellschaft zwischen Adel und Bauernstand der Träger des beweglichen Kapitals, durch dessen Ausbildung die neuen Wirthschaftsformen geschaffen wurden. Seitdem die Geldwirthschaft zur allgemeinen Wirthschaftsform geworden ist, bilden die einzelnen Kapitalformen — Grund und Boden, bewegliches Kapital — nicht mehr Grundlagen für besondere Stände, es gibt keine auf besondere Besitz- und Beschäftigungsarten, auf staatsrechtliche Unterscheidungsmerkmale begründeten Klassen und Kasten mehr; durch die Umwälzungen in der Technik und den Verkehrsverhältnissen gehen Handel, Industrie und Landwirthschaft, den Betriebsarten wie den Personen nach, ineinander über.

Es bleiben nur die beiden großen ökonomischen Klassen der Besitzenden und Nichtbesitzenden, die sich in der Praxis selbstverständlich nicht schroff abscheiden, sondern allmählich ineinander übergehen. Die erstere Klasse ist die naturgemäß conservative, die zweite die vorwärts und aufwärts drängende.

Die sociale Eintheilung der modernen Gesellschaft ist demnach auch eine viel einfachere wie diejenige der frühern mit ihren mannichfach abgestuften Herrschaftsverhältnissen, und die in derselben vorhandenen Abstufungen oder Schattirungen beruhen jedenfalls auf andern Motiven; wobei immerhin der historische Ursprung der socialpolitischen Gruppirungen auch hinter die Französische Revolution zurück verfolgt werden kann. Denn wenn diese auch die gewaltigste Erschütterung ist, welche die europäische germanisch-romanische Gesellschaft seit ihrer Entstehung überhaupt erlitten hat, — wir meinen natürlich nicht die Französische Revolution allein, sondern die ganze europäische Bewegung in ihrem Gefolge —, die durch sie herbeigeführte sociale Umwälzung eine außerordentlich tiefgehende war, so ist der geschichtliche Faden doch natürlich keineswegs gänzlich zerrissen. Indessen ist die Verfolgung desselben über jene Zeit zurück für uns hier nur von untergeordneter Bedeutung.

Wir können diesen geschichtlichen Zusammenhang so gut wie ganz beiseite lassen, wenn wir die Scheidung der modernen Gesellschaft in Besitzende, daher naturgemäß Conservative einerseits, und Nicht-Besitzende, daher naturgemäß Veränderungen Bestrebende andererseits ins Auge fassen. Denn, wie im vorigen Abschnitte gezeigt, ist insbesondere die Menge der Nicht-Besitzenden auf ganz neue sociale

Grundlagen gestellt worden. Wir dürfen ihn gleichfalls beiseite lassen, wenn wir die Mittel= oder Reformparteien der heutigen Gesellschaft betrachten, weil die Gründe und Ziele der Reformbestrebungen nur in den speciellen Verhältnissen der neuen socialen Verfassung wurzeln können. Wir werden aber an jene geschichtliche Entwickelung erinnern müssen, wenn wir die Schattirungen innerhalb des conservativen Theils der Gesellschaft selbst erklären wollen.

Die beiden Haupttheile der Gruppe nämlich, welche wir als die im socialpolitischen Sinne conservative zu bezeichnen haben, sind mit ihren Wurzeln noch ziemlich tief in der vorrevolutionären Gesellschaft; die politisch sogenannte liberale im ehemaligen Bürgerthum, die sogenannte conservative im Adel.

Wir haben uns hier zunächst mit den gegenwärtig sogenannten Liberalen zu beschäftigen, weil diese die hervorragend conservative Partei der heutigen Gesellschaft sind.

Wir müssen hierbei bemerken, daß wir „conservativ" in dem eigentlichen Sinne des Worts für die Partei anwenden, welche den gegebenen Zustand erhalten will, und damit weder Lob noch Tadel ausgedrückt haben wollen. In anderm Sinne sind als conservativ vielleicht gerade diejenigen anzusehen, welche nicht allein auf Erhaltung, sondern auch auf Weiterentwickelung der gegenwärtigen Zustände bedacht sind, um dem Widerspruch der äußern socialen Formen mit dem innern Leben und dem Drange auf Entwickelung vorzubeugen; diese Parteien sollen aber, wie schon angedeutet, als Reformparteien charakterisirt werden.

Wir haben also die heutigen „Liberalen" als die hervorragend Conservativen bezeichnet. Warum? Weil sie die nächsten Erben derjenigen sind, welche die moderne, bestehende Gesellschaft überhaupt geschaffen haben, und sich sowol in ihren politischen als in ihren ökonomischen Anschauungen ganz entschieden als solche darstellen. Als Erben des Bürgerthums kann man die Liberalen sogar in doppelter Hinsicht bezeichnen; erstens wegen der äußern socialen Stellung und zweitens wegen der Ideen über die politischen und socialen Zustände.

Die liberale Partei — die „Fortschrittspartei" werden wir wegen gewisser Eigenthümlichkeiten der Anschauungen noch weiter unten besonders zu charakterisiren haben — rekrutirt sich vornehmlich aus den Vertretern des beweglichen Kapitals, der Industrie und des Handels. Die besitzenden und gebildeten Bewohner der Städte und die ihnen durch Stellung und Neigung verwandten Bevölkerungstheile sind die hauptsächlichen Träger der liberalen Anschauungen. Es sind dies die Schichten, für welche sehr häufig der Ausdruck „gebildeter Mittelstand" gebraucht wird, der aber bei den heutigen Zuständen eine ebenso wenig zu präcisirende Bedeutung und Begrenzung hat wie der Begriff des „Bürgerthums". Nach unten hin ließe sich dieser „Mittelstand" allenfalls begrenzen, wenn man ihm den Lohnarbeiter und die dienende Klasse entgegensetzen will; man würde aber dann schon das Wort in einem weitern Sinne als man beabsichtigt nehmen. Nach oben hin aber ist eine Grenze schlechthin nicht zu finden; weder in Bezug auf Größe des Besitzes, noch höhere gesellschaftliche Stellung — man müßte denn den souveränen und hohen Adel als obern Stand erklären wollen — noch nach Verschiedenheit der wirthschaftlichen und socialen Interessen überhaupt. Mit dem

Worte Mittelstand läßt sich also gegenwärtig ebenso wenig wie mit Bürgerthum wissenschaftlich operiren. Die einzige Volksschicht, auf die wir das Wort „Stand" im social-politischen Sinne — nicht nur in dem Sinne gleicher Beschäftigung, wie Soldatenstand, Beamtenstand, geistlicher Stand u. s. w. — anwenden können, ist derjenige der besitzlosen Lohnarbeiter, weil hier zu den Merkmalen gleichartiger Thätigkeit und gleichartigen Einkommens das Merkmal besonderer Interessen kommt, die mit denen aller übrigen Schichten sich noch im Kampf befinden. Nennt man die Arbeiter aber den „vierten Stand", so sucht man damit nach historischen Reminiscenzen, welche auf die Gegenwart nicht mehr anwendbar sind und nichts erklären können.

Machen wir also keine vergeblichen Versuche, bestimmten Ständen bestimmte Parteien zu vindiciren; es wird uns das kaum bei der Socialdemokratie, wo es am ehesten der Fall zu sein scheint, gelingen; sondern wir müssen uns begnügen, in allgemeinerer Weise die geschichtlichen Ursachen der Entstehung der einzelnen Parteien zu kennzeichnen.

Bei der liberalen Partei ist also erstens ein Zusammenhang oder sozusagen eine Erbfolge der Personen vorhanden, indem sie vornehmlich aus den Schichten und Interessenkreisen hervorgeht, welche an die Stelle des „liberalen Bürgerthums" getreten sind, welches im vorigen Jahrhundert in der That eine geschlossene Interessengruppe war, und zwar eben die revolutionäre, siegreiche Gruppe.

Erinnern wir uns, welches die wirthschaftlichen Grundgedanken waren, von denen jene bürgerlichen Revolutionäre getragen werden. Sie waren: erstens, Beseitigung der mittelalterlichen Schranken für die Verwerthung des Besitzes; man darf diesen Gedanken auch so ausdrücken: scharfe Ausbildung und Abgrenzung des Eigenthums im Sinne des Römischen Rechtes. Zweitens, Erringung derselben Stellung für die Arbeitskraft; damit diese die technische Benutzung des Kapitals leicht und wirksam zu unterstützen geeignet werde. Drittens, Befreiung der Erwerbsthätigkeit von politischen Schranken, d. h. wirthschaftlicher Kosmopolitismus oder Freihandel.

Wie diese Forderungen durch die geschichtlichen Zustände motivirt waren und im Zusammenhange mit der ganzen damals durchdringenden philosophischen Welt- und Staatsanschauung standen, ist hier nicht unsere Sache zu untersuchen. Genug, sie waren da und kamen zum Siege im ganzen europäischen Civilisationskreise.

Man hat heute guten Grund, sich ins Gedächtniß zurückzurufen, daß der siegreiche Durchbruch dieser liberalen Ideen vor noch nicht einem Jahrhundert geschehen ist, und daß insbesondere für Deutschland erst das Jahr 1848 ihren vollständigen Sieg gebracht hat. Wir sind heute vielleicht theilweise zu sehr geneigt, die Großartigkeit derselben, die mächtige Gedankenarbeit und die Kämpfe zu unterschätzen, welche es gebraucht hat, um uns die Grundlage zu verschaffen, auf der wir jetzt stehen und weiter streben können. Denn nur wenn wir dieses im Auge behalten, werden wir den heutigen Liberalismus genügend würdigen können. Nicht als ob wir den jetzigen Vertretern desselben irgend Dank schuldeten, denn sie vertreten, ohne sich bedeutender schöpferischer Gedanken für den weitern positiven Ausbau rühmen zu können, gegebene Ideen und Interessen; aber man muß bedenken, daß es sich um jüngst erst festgestellte gesellschaftliche Grundprincipien handelt, deren Ausbau in der Gesetzgebung eben erst vollendet ist und welche einer conservativen Partei ebenso benöthigen wie der Weiterbildung und Verbesserung durch Opposition andererseits.

Diese Ideen zu conserviren ist nun in erster Linie das Interesse der Besitzenden überhaupt; denn so sehr die Freiheit der Arbeit und des Eigenthumserwerbes auch zugleich im Interesse der Besitzlosen liegt, so ist die wirthschaftliche Freiheit und der „Freihandel", in obigem Sinne, doch noch viel werthvoller für den Besitzenden, weil er als der ökonomisch Stärkere einen ausgiebigern, vielseitigern Nutzen davon ziehen kann; indem er nicht nur im freien Gebrauch seiner Arbeit, sondern auch der von ihm beherrschten Arbeitsmittel gesetzlich geschützt ist. Scharfe Ausbildung des Privateigenthums und unbeschränkte Verfügungsbefugniß darüber sind außerordentlich wirksame Hülfsmittel für die technisch wirksame Verwendung des Kapitals und die Herbeiziehung des Credits, und damit der Anhäufung von Besitz. Während die Besitzlosen nur durch wirthschaftliche Organisationen irgendwelcher Art größere Erfolge für sich durchzusetzen hoffen können, die Einzelkraft dazu für die Regel nicht genügt, ist für den Besitz, und je größer er schon ist, desto mehr, die gesetzlich geschützte Freiheit eine ausreichende wirthschaftliche Basis.

In diesem Sinne sind die Besitzenden überhaupt naturgemäß Vertreter der liberalen Ideen, die ihnen außerordentliche Vortheile gebracht haben und bringen; und auch diejenigen unter ihnen, welche sich frühern oder überhaupt andern Zuständen als den jetzigen zuneigen, denken im Grunde nicht an ein Aufgeben dieser einmal errungenen liberalen Basis.

Unter den Besitzenden ist es aber ein Theil, dem ganz besonders an der vollständigen Aufrechterhaltung der wirthschaftlichen Zustände und Gesetzgebung in ihrer jetzigen Verfassung liegen muß, nämlich derjenige, welcher schon vorhin als der eigentliche Träger der socialpolitisch liberalen Partei bezeichnet wurde. Das bewegliche Kapital ist es ja gerade, von dessen Vertretern und zu dessen Gunsten vor allen andern die moderne Gesetzgebung geschaffen wurde und das seiner ganzen Natur nach unbestreitbar den Hauptvortheil aus ihr ziehen muß; ohne daß dabei irgendwie der Vorwurf angebracht wäre, es sei dies geschehen oder geschähe auf Kosten anderer Erwerbsklassen. Es ist aber klar, daß in erster Linie dem Geldkapital — der wirthschaftlichen Verkörperung der Internationalität, des Weltbürgerthums, das dem alten „Bürgerthum" durchaus fremd ist, — dann dem Handel und der Industrie (bei dieser abgesehen von der speciellen Frage des Schutzzolles) jene Ideen, welche die technische und speculative Beweglichkeit des Kapitals im denkbar ausgedehntesten Maße zu sichern suchen, ganz außerordentlich zugute kommen und erwünscht sein müssen; und es war ja, wie gesagt und bekannt, eben auch das bewegliche Kapital, dessen Entwickelung vornehmlich gefördert werden sollte und mußte; auch im Interesse der Landwirthschaft und der arbeitenden Klassen.

Jene auf Grund der liberalen Revolutionsideen entstandene Gesetzgebung trägt neben dem kosmopolitischen Charakter noch heute ihren vorzugsweise städtischen, den Interessen jener Erwerbsklassen gewidmeten Charakter wesentlich an sich. Durch Befreiung des ländlichen Eigenthums und der untern ländlichen Klassen hat sie ja freilich auch auf diese Erwerbszweige einen höchst wohlthätigen Einfluß geübt, aber ungleich viel mehr hat sie jenen Rechnung getragen.

Die politische Partei nun aber, welche am schärfsten und reinsten die liberalen Ideen der Französischen Revolution auf socialpolitischem Gebiete vertritt, in doppelter Beziehung, — wie hervorgehoben — ihr Erbe ist, das ist eben die noch heute sogenannte liberale Partei, deren Haupttheil sich mit Rücksicht auf ihre gegenwärtigen politischen Ziele bei uns als parlamentarische Partei die national-liberale nennt. Als Hüterin der Grundgedanken, auf denen unsere neue Gesellschaft ruht, in ihrer am wenigsten modificirten Gestalt, ist diese liberale Partei unbestreitbar die conservativste aller socialpolitischen Parteien.

Diese Partei ist es, welche auf das nachdrücklichste das strenge Festhalten an den gegenwärtigen Erwerbsformen betont und jede Concession an widerstrebende Richtungen ablehnt. Sie hält in ihrer ganzen Anschauung der wirthschaftlichen Dinge den (im vorigen Abschnitte) gekennzeichneten Gedankengang der Freihandelslehre fest, und besteht auf jenem doctrinären Standpunkte, welcher, die geschichtliche Entwickelung der wirthschaftlichen Kräfte ganz beiseitelassend, von einer naturrechtlichen Construction der Wirthschaft ausgeht, in der die menschliche Gesellschaft sich aus einer Summe von gleichen Einzelindividuen zusammensetzt. Auch jenem Mistrauen gegen den „Staat", welches ja bei den alten Liberalen so wohl motivirt war, begegnen wir bei der heutigen liberalen Partei noch, so sehr auch die Gewalt der Umstände dazu gedrängt hat, dem Staate, beziehungsweise der öffentlichen Wirthschaft immer mehr Aufgaben zuzuweisen.

Gegenüber nicht hinwegzuleugnenden Mängeln der be-

stehenden Wirthschaftsverfassung erscheinen der liberalen
Partei keine Abhülfen zulässig, welche mit einem Rütteln
an den Grundprincipien der Erwerbsordnung gleichbedeu=
tend wären, und es scheint auch, als ob die sogenannte
„Selbsthülfe" neuerdings immer weniger Sympathien auf
dieser Seite fände, da derartige Bestrebungen sich in den
linken Flügel der Liberalen, die „Fortschrittspartei", haben
flüchten müssen.

Früher wurde ja bekanntlich die durch Schulze=Delitzsch's
verdienstvolle Bemühungen eingeleitete und noch heute unter=
stützte Genossenschaftsbewegung von der ganzen liberalen
Partei gebilligt und gefördert. Man hatte sich bedeutenden
Hoffnungen auf die Wirksamkeit dieser Bestrebungen für die
Versöhnung der arbeitenden Klassen mit dem System der freien
Concurrenz und mit der Stärkung des Handwerkerstandes
hingegeben. Diese Hoffnungen konnten sich nicht verwirkli=
chen, weil die Lohnarbeiter von diesen Genossenschaften über=
haupt keinen nennenswerthen Nutzen ziehen und die Handwer=
ker höchstens das erreichen konnten, was dem größern Indu=
striellen von selbst zufiel. Denn mühevoll und unbeholfen stellt
eine Genossenschaft von Kleinen höchstens Einen Großen dar.
Die praktischen Erfolge des Schulze'schen Genossenschafts=
wesens — welches für die wichtigste Art: die Productio=
genossenschaften, die an die Stelle der einzelnen Groß=
unternehmung treten könnten, bekanntlich so gut wie völlig
wirkungslos geblieben ist — sind denn zwar absolut be=
trachtet höchst beachtens= und dankenswerthe, aber im Ver=
hältniß zu der ihnen gestellten socialen Aufgabe: die
kleinen Unternehmer den großen gegenüber concurrenzfähig
zu machen, ist ihre Wirksamkeit gleich Null. Das wird

bei der wohlberechtigten und größten Sympathie für diese gemeinnützigen und in keinem Falle schädlichen Bestrebungen niemand mehr leugnen. Bei den Besprechungen der „socialen Frage" werden dieselben ja heute auch kaum noch erwähnt, nicht einmal als Angriffspunkte, da niemand einen vernünftigen Grund hat, sie anzufeinden.

Einst hat die liberale Partei Schulze-Delitzsch zum „König im socialen Reiche" proclamirt, sie wollen ihn auch heute gewiß nicht verleugnen. Theils hat wol die Erkenntniß der relativen Bedeutungslosigkeit dieser Bestrebungen sie kühler gestimmt; außerdem aber scheint es, daß bei den Liberalen überhaupt eine gewisse Rückwärtsconcentration in socialpolitischen Dingen eingetreten ist. Wir möchten dieselbe zwar nicht für die pathetischen Phantastereien einzelner Mitglieder verantwortlich machen, welche in dieser Rückwärtsconcentration schon so weit gekommen sind, die Armuth der Masse und den Reichthum weniger als ewiges Gesetz zu erklären und selbst zur Vertheidigung der Sklaverei Anlauf zu nehmen; aber auch wenn wir absehen von solchen, die im Uebereifer die Partei in den Augen Unbefangener compromittiren, so scheint die Neigung, welche im Anfang dieses Jahrzehnts bei den Liberalen wahrzunehmen war: die rein naturrechtliche Doctrin zu verlassen zu Gunsten einer geschichtlichen, sich mehr dem „Socialismus" im guten Sinne nähernden Auffassung der Volkswirthschaft und Gesellschaft, welche wesentliche Reformen zugelassen haben würde, wieder gewichen zu sein, und als herrschende Tendenz bei der großen Menge der Liberalen erscheint gegenwärtig die: keinerlei Concessionen an den Socialismus zu machen, ja auch Discussionen der bestehenden socialen Principien

möglichst zu meiden, um dieselben nicht als überhaupt
erschütterbar hinzustellen.

Ob diese Socialpolitik im besondern und im ganzen
eine richtige sei, dies schon hier näher zu untersuchen ist ebenso
wenig wie bei den andern Parteien unsere Absicht. Ob
und wie weit die Discussion socialer Fragen und die Kritik
unserer gesellschaftlichen Grundeinrichtungen wünschenswerth,
bezw. gefährlich sei, wird sich zu beleuchten Gelegenheit
ergeben, wenn wir im nächsten Abschnitt auf die Reform=
parteien und =Richtungen kommen.

Die liberale Partei stellte sich uns somit als die social=
politisch streng conservative dar, und je mehr sie bei den
freihändlerischen Grundanschauungen stehen bleibt oder zu
denselben nach kleinen Abweichungen wieder zurückkehrt,
desto treuer bewahrt sie die Tendenzen des Bürgerthums
der Revolutionszeit und damit diejenigen Ideen, welche zwar
unsere moderne Gesellschaft ins Leben gerufen haben, aber
immerhin vorzugsweise der Ausdruck der Interessen des
beweglichen Kapitals sind, und vorzugsweise in diesem Sinne
conservativ wirken.

Wir hatten uns auch schon daran erinnert, daß der=
jenige Theil der Besitzenden, welcher speciell am Grund
und Boden interessirt ist, gleichfalls von der neuern Gesetz=
gebung den erheblichsten Vortheil hatte. Wenn auch durch
den Wegfall der Reallasten und Dienste wohlerworbene
Rechte zerstört wurden, dadurch zeitenweise und für ein=
zelne der berechtigten Klassen wirkliche Schädigungen ein=
traten, so bot doch die feste Abgrenzung der Eigenthums=
verhältnisse so überwiegende Vortheile für die technische
Ausnutzung, erhöhte den Werth des Besitzes in so hohem

Grade, daß niemand ernstlich daran denken kann, für die ländlichen Verhältnisse die feudale der liberalen Gesetzgebung vorzuziehen. Eine in socialen Dingen eigentlich reactionäre Partei kann es also auch in diesen Kreisen der Besitzenden nicht geben, sondern die allgemeinen liberalen Grundideen mußten auch hier den Besitzenden genehm sein und sind es ihnen noch heute. Indeß ist die Befriedigung doch keine so unbedingte wie dort, wie aus der Entstehung und dem schon besprochenen Charakter der liberalen Gesetzgebung leicht erklärlich ist.

Die landwirthschaftlichen Klassen waren nicht revolutionär, sondern empfingen ohne ihr Zuthun Früchte der Revolution. Diese schuf aus dem grundbesitzenden Adelstand eine Menge von landwirthschaftlichen Großunternehmern. In diesen leben aber die alten Traditionen zum Theil heute noch fort, trotz so vielfachen Wechsels der Personen und Familien. Noch heute fühlt sich der größere Grundbesitzer, namentlich in Norddeutschland — der Rittergutsbesitzer — als Mitglied eines, freilich imaginären, Standes, der ihm bestimmte Ansprüche und Pflichten vorzeichnet. Er glaubt einigermaßen „standesgemäß" leben zu müssen, auch wo der Umfang des landwirthschaftlichen Unternehmens, bezw. Besitzes auf solche sociale Ansprüche nicht hinweist. Diese adelige Tradition, welche dem größern ländlichen Besitzerstande noch aus früherer Zeit anhaftet, wird dadurch oft eine Quelle von Nothständen, die dann vom Landwirth in andern Gründen, z. B. der Höhe der Grundsteuer, gesucht zu werden pflegen. In der That hat aber auch die liberale Gesetzgebung mit der ihr folgenden wirthschaftlichen Entwickelung für die Landwirthschaft gewisse Schattenseiten

mit sich gebracht, welche in diesen Kreisen die neue Ord=
nung nicht mit dem ungetheilten Wohlgefallen aufnehmen
lassen, wie es bei den Interessenten des beweglichen Ka=
pitals ganz selbstverständlich ist. Diese Schatten fallen,
wenn auch nicht mit gleicher Stärke, auch auf die kleinern
ländlichen Besitzer.

Bei diesen ist indessen zu bedenken, daß sie zu dem, was
sie heute sind, erst durch die Revolution im vollsten Sinne
gemacht wurden. Was wir heute bei uns unter Bauern=
stand zu bezeichnen und mit Recht als einen besonders ge=
sunden und conservativen Theil der Gesellschaft anzusehen
pflegen, existirte vor der Revolution nicht, wenigstens nur
in sehr kleinem Bestande. Es war ein unfreier Stand, dem
die Gebundenheit seines Besitzes und seiner Arbeit die Früchte
des Fleißes nur halb zu ernten gestattete, und der auch in
der Technik des Betriebes nicht vorwärts kommen konnte.
Er war vernachlässigt, gedrückt, und seine Interessen waren
denjenigen der Großbesitzer, seiner Herren, entgegengesetzt.
Er konnte also wol conservative Gewohnheiten, aber keine
conservativen Interessen haben. Diese letztern hat er aber
jetzt; sie fallen im ganzen mit denen der größern Grund=
besitzer zusammen, und er wird bereit sein, sie rückhalts=
los zu vertreten, soweit seine wirthschaftliche Lage eine
normale ist. In derselben zeigen sich aber freilich, wie
gesagt, einige Schattenseiten, welche diese Interessenkreise zwar
nicht gerade principiellen Aenderungen geneigt zu machen bis
jetzt im Stande gewesen sind, aber doch gegen die liberale
Gesetzgebung einigermaßen mistrauisch gemacht haben.

Wir wollen und müssen es, mangels statistischer Er=
hebungen, dahingestellt sein lassen, ob und wieweit auf dem

Gebiete der Landwirthschaft sich die auf dem gewerblichen vielfach beobachtete Erscheinung geltend macht, daß: „die Kleinen von den Großen aufgefressen werden", wie man sich drastisch ausgedrückt hat. Die statistischen Beobachtungen über den Gang der Vertheilung des Grundbesitzes sind gleich Null, solche Anhaltspunkte zur Beurtheilung dieser Entwickelung also nicht gegeben. Verstandesmäßig muß man wol schließen, daß die Bewegung sich eher in der Richtung der Concentration als der Zersplitterung des Grundbesitzes vollzieht. Denn wenn vollkommene Theilungs= und Zusammenlegungsfreiheit besteht und nur technische Rücksichten über die Größe und Gruppirung des Grund= besitzes entscheiden dürfen, so ist wol anzunehmen, daß im Laufe der Zeit beim naturgemäßen Streben des Besitzes nach Vergrößerung der größere Grundbesitz, der einen höhern Reinertrag erzielen kann, den Vortheil über das Festhalten an der angestammten Scholle des kleinern und dessen mangel= haftere Technik und Widerstandskraft davontragen wird. Wie weit aber diese Bewegung sich in Wirklichkeit schon vollzieht, ist eben aus Mangel an statistischem Material nicht zu erweisen; und vor dem Generalisiren aus persönlichen Erfahrungen und Beobachtungen, welches in wirthschaftlichen Dingen so oft die „Praktiker" zu kurzsichtigen Doctrinären zu machen pflegt, müssen wir uns hüten. Sollte die Voraus= setzung aber zutreffen, so wäre das selbstverständlich lebhaft zu beklagen, denn das Verschwinden des kleinern Besitzes und das Anwachsen des besitzlosen Lohnarbeiterstandes einer= seits, Concentration des Vermögens andererseits müssen die socialen Gegensätze fördern und damit zugleich die ruhige Entwickelung gefährden.

Andere Uebelstände gibt es aber in der heutigen Lage der Landwirthschaft, an welche als offenkundige nur erinnert zu werden braucht: Erstens die Concurrenz des östlichen Europa und überseeischer Länder durch billigere Producte mit der einheimischen Landwirthschaft infolge der Entwickelung der Verkehrsmittel. Hierdurch wird die Lage der Landwirthschaft überhaupt eine schwierige, und ist Anlaß zur Unzufriedenheit gegeben. Ob sich durch bloße Aenderungen der Technik, insbesondere Pflege der Viehzucht hier dauernd helfen läßt; wie weit diese Concurrenz auf die Gestaltung des landwirthschaftlichen Betriebes und Besitzes maßgebend ist, wie lange es noch dauern kann, bis die wirthschaftliche Entwickelung des Auslandes sie von selbst wieder ausschließt — das sind noch unbeantwortete Fragen. Zweitens bietet die Verschuldung des Grundbesitzes Anlaß zur Beunruhigung. Ihrer Höhe nach ist sie nicht bekannt, scheint aber doch in einzelnen Gegenden besorgnißerregend zu sein. Ein Mangel liegt aber jedenfalls in der heutigen hypothekarischen Verschuldungsform. Die Zuführung beweglichen Kapitals hat ja ausnehmend viel Nutzen geschaffen; aber jene der Natur der Landwirthschaft wenig angemessene Form — worüber Rodbertus in seiner „Creditnoth des Grundbesitzes" so Vortreffliches gesagt hat —, und die bedeutende Abhängigkeit von städtischen Kapitalisten durch die Höhe und die Art der Schulden haben ein Gefühl der Unbehaglichkeit erzeugt. Ein dritter Beschwerdepunkt ist der, daß die Besteuerung der Landwirthschaft ungerecht geblieben und drückend geworden ist. Man hat die alten Grundsteuern beibehalten, man hat nicht gehörig berücksichtigt, daß es dem Landwirthe; insbesondere dem kleinen, schwerer zu werden pflegt als dem

Städter, der in vollkommen durchgeführter Geldwirthschaft lebt, überhaupt Geldsteuern zu zahlen. Ferner sind Steuerformen, um das bewegliche Geldkapital gleichmäßig wie das unbewegliche zu Steuern heranzuziehen, noch nicht genügend ausgebildet worden. Noch andere solche Punkte ließen sich aufführen; das sind aber die hauptsächlichen.

Diese Momente haben den politisch Conservativen, die sich vornehmlich aus der ländlichen Besitzerklasse rekrutiren, Anlaß gegeben, gegen den Liberalismus vielfach Front zu machen, und man wird deshalb nicht umhin können, sie socialpolitisch nicht in dem absoluten Sinne für conservativ zu erklären wie jene. Auch kommt hinzu, daß den Conservativen die dem Liberalismus eigene kosmopolitische Anschauungsweise schon aus dem einen Grunde fremd ist, weil sie sich mehr aus ländlichen Kreisen rekrutiren. Von einer eigentlichen Trennung und von wesentlich socialpolitischen Tendenzen ist indessen noch nicht die Rede, und kann um so weniger die Rede sein, als positive Reformgedanken von principieller Wichtigkeit bei den Conservativen bisjetzt nicht zu finden sind. Man findet wol zum Theil recht scharfe Verurtheilungen des Liberalismus, Anklagen gegen den um sich greifenden Geldkapitalismus, einige patriarchalische Neigungen, und auch, gleichwie bei den Liberalen, sehr achtungswerthe Bestrebungen Einzelner, sociale Misstände zu beseitigen; endlich auch mancherlei Sympathien mit Reformbestrebungen gegen die liberale Gesetzgebung — aber in Wirklichkeit ist doch vom Verlassen der gegebenen Grundlagen nicht die Rede. Selbst auf dem für Reformen nächstliegenden und nicht einmal nothwendig ins Socialpolitische hinübergreifenden Gebiete, dem Steuerwesen, ist man von grund=

sätzlichen Aenderungen weit entfernt, und überhaupt durch=
aus fern von Einigkeit und Klarheit über das, was etwa
socialpolitisch zu verändern wäre. Man bleibt also con=
servativ, wenn auch nicht so rückhaltslos wie die Liberalen;
und man sucht die liberalen Errungenschaften möglichst
zu stabiliren; wie noch jüngst die sorgliche Umgebung selbst
der Blaubeeren mit den Schranken des Privateigenthums
im neuen preußischen Forstgesetz gezeigt hat.

Man pflegt socialdemokratischerseits die Besitzenden be=
kanntlich als „eine reactionäre Masse" zu bezeichnen. Wir
haben gesehen, in welchem Sinne sie eine „conservative"
Masse sind und im ganzen auch sein müssen. Reactionäre
Parteien mag es politische und religiöse geben, socialpoli=
tische sind, wenigstens heute, undenkbar. Mit beliebigen
zersplitterten Bestrebungen, mit „unzurechnungsfähigen" Poli=
tikern, die sich in solcher Richtung bewegen mögen, haben
wir es hier natürlich nicht zu thun.

Nun dürfte es sich noch fragen, wo denn die Belege
für die hier geschilderten Anschauungen nachzusehen und die
letztern zu verfolgen seien; d. h. die Frage nach der Presse
und überhaupt den öffentlichen Aeußerungen der socialpolitisch
Conservativen. Diese Frage kann wol mit einem allgemeinen
Hinweis auf die notorische Stimmung der Gebildeten und
der Besitzenden, auf die großen politisch=liberalen und conser=
vativen Blätter — Allgemeine Zeitung, National=Zeitung,
Kölnische, Norddeutsche Allgemeine Zeitung, Post u. s. w. und
ihre vielen kleinern Trabanten — sowie durch Berufung
auf die parlamentarischen Verhandlungen und die weitläufige
Literatur, die im angegebenen Sinne geschrieben ist, be=
antwortet werden. Es tritt aber freilich hier überall die

Schwierigkeit entgegen, die Kundgebungen Einzelner von denen der Partei zu trennen, wenn es sich um die Besprechung wichtiger socialer Fragen oder einschlägiger literarischer Erscheinungen handelt. Selbst bei den Zeitungen, die anerkannte politische Parteiorgane sind, wie die meisten obigen, ist es nicht ganz einfach zu erkennen, wie weit ihr socialpolitischer Standpunkt jener der Partei ist, bezw. von denen gebilligt wird, die sich im übrigen mit den vertretenen Principien durchaus einverstanden erklären. In formell politischer sowie in religiöser Hinsicht läßt sich der Standpunkt verhältnißmäßig leicht und klar bestimmen; in socialpolitischer Beziehung ist das schwieriger. Namentlich den conservativen Zeitungen nach könnte es scheinen, als ob man in diesen Kreisen bedeutsamern Reformideen geneigt wäre, da sie sich neuerdings viel mit Betrachtungen socialer Dinge beschäftigen und die Folgen des „Liberalismus", der an der Socialdemokratie schuld sei, bekämpfen, auch auf die Nothwendigkeit von Reformen hinweisen. Die conservativen Zeitungen sind hierdurch etwas interessanter wie die liberalen, welche einfach die modernen Ideen vertheidigen und dadurch die unvermeidliche Langweiligkeit — wir sprechen hier nur vom socialpolitischen Standpunkte — jedes Beharrungszustandes bieten. Sieht man indeß näher zu, so ist bei der großen Menge der Conservativen, deren Ansichten jene Zeitungen vertreten, von irgendeinem Aufgeben der liberalen Ideen, von positiven Gedanken für neue Gestaltungen nicht die Rede; sondern die Unterschiede sind nur ganz unwesentliche. Die Conservativen werfen den Liberalen namentlich zu geringe Beachtung des monarchischen und des religiösen Princips vor. Beide Principien sind indeß heute socialpolitisch unbedeutend. Denn an eine reformatorische Kraft die aus eigenster Initiative der Monarchie hervorgehen konnte und sich ja besonders in Preußen als so wirksam gezeigt hat, ist nicht mehr zu denken, weil sie gerade in diesen Dingen nichts mehr ohne das Parlament auszuführen vermag; die Religion, d. h. die Geistlichkeit hat gleichfalls keinen selbständigen Einfluß in dieser Beziehung. Wir werden auf diese Punkte in nächsten Kapitel einzugehen haben. Ein weiterer Vorwurf, den die Conservativen den Liberalen mit Vorliebe zuschleudern: die übermäßige Begünstigung der Geldmacht und Speculation, ist jedenfalls nur in dem oben schon angedeuteten Sinne, daß die liberale Gesetzgebung allerdings eine vorzugsweise dem beweglichen Kapital günstige sei, aufzunehmen. In der Bekämpfung des Socialismus, d. h. derjenigen Bestrebungen, welche die Beschränkung des Privateigenthums bezwecken, sind aber Liberale und Conservative durchaus einig, und es sind auf keiner Seite Gedanken zu finden, welche mehr als eine Abwehr dieses Rüttelns an den gegebenen Zuständen bedeuten.

Nur dies kann man von den Conservativen sagen, daß sie nicht jenen aus der Revolution überkommenen Abscheu vor dem Staat zeigen, welcher den Liberalen innewohnt; mag dieser Abscheu vor dem Staat — d. h. doch immer den regierenden Personen — nun heute noch berechtigt sein oder nicht. Auch zeigt sich, wie schon gesagt, wenigstens die conservative Presse eher geneigt und befähigt, eine Discussion über andere socialpolitische — socialistische — Ansichten zuzulassen und zu führen, während die liberale theils durch die Besorgniß vor der Discussion solcher Fragen überhaupt, theils durch noch mehr starres Beharren auf dem doctrinär-

freihändlerischen Standpunkt, der sich ja eigentlich in sehr
wenigen Formeln concentrirt, eine größere Einseitigkeit in
dieser Beziehung zur Schau trägt. Man wundert sich oft
über diese Intoleranz der Liberalen, welche mit ihrem Namen
in Widerspruch stehe. Eine herrschende Partei, die ihre
Errungenschaften nach vielen Seiten hin zu vertheidigen hat,
ist indessen naturgemäß intolerant, und nicht mehr „liberal",
d. h. freisinnig. Die Liberalen sind ja heute eben eine
herrschende, nicht mehr eine aufstrebende Partei.

Im großen Ganzen ist also die politisch-liberale wie
conservative Presse gleich „freihändlerisch" in dem von uns
gekennzeichneten Sinne; und die Besorgniß vor Störungen,
welche die gegenwärtigen Besitzverhältnisse gefährden könnten,
treibt sie hier und da sogar zu politisch reactionären
Ideen. Schüchtern, hier und da auch offen wird namentlich
die Zweckmäßigkeit des allgemeinen Stimmrechts aus diesem
Grunde angezweifelt, das freilich den Conservativen nie
recht gefiel, den Liberalen aber früher ein Programmpunkt
war und erst neuerdings durch die Erfolge der Socialdemo=
kraten verdächtig wurde. Wir haben schon oben darauf
hingewiesen, daß es nichts Conservativeres in socialpolitischer
Hinsicht gibt als das ausgedehnteste allgemeine Stimmrecht;
und eine Gesellschaft, welche es nicht mehr vertragen könnte,
wäre in der That werth, zu Grunde zu gehen.

Im parlamentarischen Leben, wo die Parteien als solche
ihre Ansichten am deutlichsten documentiren können, hat es
in neuester Zeit eigentlich keine Gelegenheit gegeben, den
socialpolitischen Standpunkt hervorzukehren. Die großen
gesetzgeberischen Arbeiten auf socialpolitischem Gebiete haben
bei uns mit der Gewerbeordnung ihren vorläufigen Abschluß

gefunden, und es handelte sich dabei lediglich um die letzten
Consequenzen des revolutionären Liberalismus, der voll=
kommene Verfügungsfreiheit in Erwerbsangelegenheiten her=
stellte, ohne neue Organisationen zu schaffen. In Bezug
auf letztere hat sich noch keine heutige Partei schöpferisch er=
wiesen. Damals hatten die Conservativen keine selbständigen
Ideen den Liberalen gegenüber. Die seitdem zur Behandlung
gekommenen Fragen, welche sich zu socialpolitischen hätten
gestalten können, waren vornehmlich Steuerfragen, bei denen
es aber von beiden Seiten sorgfältig vermieden wurde und
wird, gerade den socialpolitischen Charakter zur Geltung
kommen zu lassen. Auch hierin offenbart sich bei den
Liberalen das Beharren bei der alten, geschichtlich sehr wohl
zu erklärenden, freihändlerischen Anschauung, welche Volk
und Regierung als etwas Gegensätzliches betrachtet und daher
auch die Steuern nur als etwas ansieht, was man der
Regierung als Mittel zur Weiterführung ihres leider un=
vermeidlichen Geschäfts „bewilligt", unter thunlichster Be=
rücksichtigung leichter Aufbringung und gerechter Vertheilung.
Der Gedanke, die Steuern im socialpolitischen Sinne und als
Mittel der Gemeinwirthschaft zu behandeln, bleibt fern.

In dieser großen conservativen Masse der Besitzenden
ist nun aber doch nicht alles in dem Beharrungszustande,
den wir eben geschildert haben, sondern es sind Bewegungen
bemerklich, die darauf hinausgehen, die bestehende Ordnung
nicht nur zu vertheidigen, sondern sie allmählich weiter zu
bilden, und somit die conservative Aufgabe in anderer Weise
anzufassen. Es sind hierbei theils politische Gesichtspunkte,
theils wirthschaftliche Interessen, theils wissenschaftliche Ueber=
zeugungen maßgebend. Soweit letztere das öffentliche Glaubens=

bekenntniß bestimmen, kommen natürlich nicht Parteien, sondern nur Richtungen zum Vorschein, die von keinem unmittelbaren Einfluß auf das öffentliche Leben sind, aber in ihrer Bedeutung dafür doch gewürdigt sein wollen. Diese Parteien und Richtungen, welche aus den rein Conservativen heraustreten und neue socialpolitische Gedanken aufstellen oder zu entwickeln streben, die von principieller Bedeutung sind, sollen nun im folgenden Abschnitte betrachtet werden.

IV.

## Die Reformparteien und socialreformatorischen Richtungen.

Es sei hier von vornherein nochmals daran erinnert, daß wir nicht von Parteistellungen in wirthschaftlichen, sondern in gesellschaftlichen Fragen, nicht von wirthschaftlichen, sondern von socialpolitischen Gruppen sprechen. Wie dies ein Unterschied sei, wurde oben dargelegt. Wirthschaftliche Fragen sind Fragen der zeitweiligen Zweckmäßigkeit, Zeitfragen im engern Sinne. Um die Frage: ob freier Grenzverkehr, ob Finanzzölle oder Schutzzölle, wenngleich ja auch diese Fragen von socialpolitischer Seite erfaßt werden können; um die Fragen: ob Monopol oder andere Steuerform, der indirecten und directen Steuern, mögen sich Gruppen bilden, die morgen wieder verschwinden, nachdem die betreffende Maßregel durchgesetzt, bezw. die einzelne Frage geklärt und erledigt ist. Die socialpolitischen Fragen aber überdauern an parteibildender Kraft und überragen an Wichtigkeit die wirthschaftlichen ebenso wie die formalpolitischen, weil sie die Grundfragen der Gesellschaft und deren Organisation betreffen: die Verfassung des Eigenthums, die Vertheilung des Besitzes, das Verhältniß von Eigenthum und Arbeit; Fragen, die theils Interessen-, theils Glaubensfragen sind;

und zwar Glaubensfragen, weil sie abhängen sowol von dem Gefühl der Gerechtigkeit oder Ungerechtigkeit der gegenwärtigen Gesellschaftszustände als auch der Ueberzeugung von deren Nothwendigkeit und Entwickelungsfähigkeit.

Wir haben gesehen, auf welchen allgemeinen socialpolitischen Principien die große Menge der politisch Liberalen und Conservativen, sagen wir der besitzenden Klassen der Neuzeit überhaupt steht, und zwar mit voller Berechtigung. Solange und soweit sie nun auf diesen Principien, welche die moderne Gesellschaft geschaffen haben, einfach beharren, bilden sie eben die große conservative Masse der Besitzenden und bedürfen eines besondern socialpolitischen Programms nicht. Sie bedürfen nicht einmal eines wirthschaftlichen Programms, weil ihnen auch dieses durch die Freihandelsanschauungen vorgezeichnet ist. Ihr Programm sind eben jene social= und zugleich wirthschaftlich=politischen Grundanschauungen, die wir früher kennen gelernt haben. Sobald sich jedoch aus dieser Masse Gruppen loslösen, die, wenn auch nur leise, Zweifel an den Grundlagen der Erwerbsordnung hegen und leichte Veränderungen derselben anstreben, so müssen sie natürlich mehr oder weniger bestimmt einzelne Punkte bezeichnen, die sie für reformbedürftig halten und wo sie mit socialpolitischen Versuchen ansetzen wollen. Bekanntlich haben wir in Deutschland bereits mehrere Gruppirungen dieser Art, die aus den socialpolitisch Conservativen hervorgegangen sind, und zwar erstens einen Ausläufer der Liberalen: die **Fortschrittspartei**, welche zwar von den liberalen Grundanschauungen allerdings kaum abweichende sociale Gedanken vertritt, aber sich doch durch gewisse selbstständige und bestimmte Forderungen in dieser Beziehung von der liberalen Partei scheidet, die eine Weiterentwickelung in bestimmten Richtungen beabsichtigen; zweitens die Agrarier oder jetzt so genannten: Steuer- und Wirthschaftsreformer, von den Conservativen abzweigend; drittens die Ultramontanen oder die katholische Partei, deren Programm sehr bestimmte und verhältnißmäßig weitgehende socialpolitische Ideen aufstellt. Als wissenschaftliche Richtungen, die in keinem bestimmten Zusammenhange mit politischen Parteien stehen, werden wir dann noch die Staatssocialisten und die wissenschaftliche Bewegung, welche unter dem Namen des Kathedersocialismus am bekanntesten ist, zu besprechen haben.

Zuerst also die deutsche Fortschrittspartei. Auf die politische Geschichte derselben hier einzugehen liegt natürlich keine Veranlassung vor.*) Die Stellung, welche die deutsche Fortschrittspartei heute der socialen Frage gegenüber einnimmt, läßt sich aus den folgenden Sätzen ihres Programms erkennen:

„Verminderung und gleichmäßigere Vertheilung der Militärlast durch Abkürzung der Dienstzeit, durch volle Ausführung der allgemeinen Wehrpflicht und durch Erleichterung der Bedingungen des Einjährigen Freiwilligendienstes für die technische Berufsbildung.

Jährliche Feststellung der Friedenspräsenzstärke durch das Etatsgesetz.

---

*) Vgl. L. Parisius, Deutschlands politische Parteien und das Ministerium Bismarck. 1. Band. Berlin, Guttentag, 1878. Diese Schrift enthält sehr reiches Material über die äußere Geschichte der politischen Parteien seit 1848; insbesondere über die Fortschritts- und national-liberale Partei. Im Anhang, S. 211 fg., Programme und Wahlmanifeste der politischen Parteien.

Vertheilung der Steuerlast nach Maßgabe der Steuerkraft, daher möglichste Einschränkung der indirecten Steuern, insbesondere Aufhebung der Salzsteuer.

Vereinfachung des Zolltarifs; fortschreitende Verminderung der die inländische Consumtion und Production schädigenden Grenzzölle unter Berücksichtigung unserer industriellen Verhältnisse.

Jährliche Steuerbewilligung durch den Reichstag, deshalb vorläufige Beibehaltung der Matricularbeiträge unter Annahme eines gerechtern Vertheilungsmaßstabes und bis zum Ersatze derselben durch eine directe quotisirte Reichssteuer.

Aufrechterhaltung der Freizügigkeit, der Gewerbefreiheit, der Coalitionsfreiheit.

Förderung der allgemeinen und technischen Bildung der arbeitenden Klassen, insbesondere der Lehrlinge.

Gesetzliche Anerkennung der auf Selbsthülfe begründeten Vereinigungen.

Weiterer Ausbau der wirthschaftlichen Gesetzgebung, insbesondere bezüglich des Schutzes für das Leben und die Gesundheit der Arbeiter, der Frauen und Kinder, der Arbeitszeit der letztern, der Fabrikordnung, der gewerblichen Schiedsgerichte und Einigungsämter.

Reform der Actiengesetzgebung im Sinne einer strengern Verantwortlichkeit der Gründer und Gesellschaftsorgane, sowie einer wirksamern Controle seitens der Actionaire.

Ablehnung des Reichs-Eisenbahnprojects. Festsetzung der im öffentlichen Interesse für die Anlage und den Betrieb der Eisenbahnen nothwendigen Bedingungen durch Reichsgesetze und Handhabung derselben durch Reichsbehörden mit unmittelbarer Executivgewalt."

Man sieht daraus, daß sie einerseits durchaus auf der liberalen Grundlage beharrt, andererseits aber jener socialpolitischen Aengstlichkeit entgegentritt, die sich, wie schon im vorigen Abschnitt angedeutet, der größern Hälfte der Liberalen, der „National=Liberalen" bemächtigt hat, seitdem die Socialdemokratie zu einer imposanten Partei angewachsen ist, und die sie manchen Consequenzen der eigenen Doctrin gegenüber bedenklich und repressiven Maßregeln geneigt macht. Ernstlich von letztern die Rede gewesen ist allerdings bis=jetzt nur in den öffentlichen Aeußerungen Einzelner, nicht von Partei wegen.

Die socialpolitische Tendenz der deutschen Fortschrittspartei geht augenscheinlich dahin, unter Anerkennung vorhandener Mängel der heutigen gesellschaftlichen Zustände und der daraus der Opposition zuwachsenden Macht Organisationen zu finden, die es ermöglichen, daß auf dem Boden der be=stehenden Eigenthums= und Erwerbsordnung die schwächern socialen Elemente sich zusammenthun und mit den stärkern den Kampf der wirthschaftlichen Interessen aufnehmen und mit möglichst gleichen Waffen durchführen können. Es soll dadurch die Idee der Freihandelslehre, welche Kapital und Arbeit als gleich starke und im Wettstreit sich stärkende Theile sich gesetzlich, formell gegenübergestellt hat, auch materiell der Verwirklichung näher gebracht werden. Dafür soll der Staat als Gesetzgeber, nicht aber als ein mit wirthschaft=lichen Mitteln selbst Eingreifender auftreten.

Es läßt sich darüber streiten, ob dieser Weg der rich=tige sei. Man sagt von der einen Seite, es geschehe damit zu wenig; der Staat müsse mit viel stärkern, materiellern Mitteln in den Kampf der wirthschaftlichen Interessen ein=

treten und die Erwerbsbedingungen grundsätzlich modificiren. Man sagt von der andern Seite, es sei unrichtig, die von der Freihandelslehre anerkannte Harmonie der Interessen und das Hand in Hand Gehen von Kapital und Arbeit in dieser Weise zu leugnen, und gefährlich, Organisationen der arbeitenden Klassen, wie es z. B. die Gewerkvereine als organisirte Kampfgenossenschaften der Lohnarbeiter gegen die Unternehmer seien, zu begünstigen, und dadurch dem Widerstreit der Interessen gesetzlichen Ausdruck und Vorschub zu geben. Man kann vom optimistischen Standpunkte gegen das Programm anführen, daß eine solche staatlich organisirte Selbsthülfe nicht nöthig sei, sowie auch vom pessimistischen, daß sie die sociale Revolution nur beschleunigen könne.

Wie schon gesagt, es hängt in socialen Dingen mehr, wie der geehrte Leser vielleicht von vornherein wird glauben und zugeben wollen, vom Glauben ab; und es ist nicht nur Berechnung, sondern auch socialpolitischer Takt nothwendig, um das Richtige zu treffen. Ob die Taktik der Fortschrittspartei die richtige sei, brauchen wir hier nicht zu entscheiden. Hegt man aber den Glauben, daß durch jene Mittel der sociale Frieden hergestellt und die Gesellschaft in gesunder Entwickelung erhalten werden könne, dann kann man nur Anerkennung für die Bemühungen der Partei haben, die Interessen der Besitzenden mit denen der Besitzlosen zugleich zu pflegen und der radicalen Oppositionspartei durch positive Maßregeln entgegenzutreten. An der Aufrichtigkeit dieser Bemühungen der Fortschrittspartei zu zweifeln, ihr vorzuwerfen, daß sie nur als politischen Köder für die Arbeiter solche programmmäßige Forderungen aufstelle und insbesondere die Agitation für die Gewerkvereine mit dem Verlangen der gesetzlichen Anerkennung der auf Selbsthülfe begründeten Vereinigungen begünstige, liegt kein Grund vor. Selbst wenn es erwiesen wäre, daß die durch Dr. Max Hirsch geleitete Gewerkvereinsbewegung von der Fortschrittspartei planmäßig von England her verpflanzt worden sei, was nach glaubwürdigster Versicherung nicht der Fall ist*), so würde damit gegen die Fortschrittspartei nichts bewiesen sein. Im Gegentheil würde es Anerkennung verdienen, daß so bedeutende Anstrengungen zur Realisirung einer als gut erkannten Idee gemacht wurden. Und daß die Fortschrittspartei die Arbeiter für sich zu gewinnen sucht, ist gewiß nicht mehr, als was jede andere Partei auch wünschen muß. Sehr erklärlich ist es ferner auch, daß gerade die Fortschrittspartei sich im Kampfe gegen die Socialdemokratie besonders eifrig zeigt. Denn, auf vollkommen liberaler Basis stehend, unternimmt sie es, die von hier aus möglichen Mittel des Entgegenkommens den Arbeitern zu bieten und ihnen so nahe zu treten als möglich; und sie muß sich gerade aus diesem Grunde, in diesem Bewußtsein zur Bekämpfung weiter gehender Bestrebungen besonders berufen und veranlaßt fühlen. — Ob die Gewerkvereinsbewegung praktisch richtig geleitet und der Kampf gegen die Socialdemokratie zweckmäßig geführt wird, darüber uns hier schlüssig zu machen, liegt selbstverständlich keine Veranlassung vor, da wir hier nur Wesen und Bedeutung der Parteien zu beleuchten, nicht einen Leitfaden für die Parteien zu schreiben haben.

---

*) Vgl. auch die Wochenschrift: Die sociale Frage; Organ des Deutschen antisocialistischen Arbeitercongresses. Herausgegeben von Dr. Max Hirsch, 1. Jahrgang, 1878. Nr. 12 (vom 22. März).

Früher noch als die jetzt mehr im Vordergrunde stehende Gewerkvereinsbewegung ist bekanntlich auch die Bildung der Genossenschaften auf Gegenseitigkeit von hervorragenden Mitgliedern der heutigen Fortschrittspartei eifrig gepflegt und dadurch gezeigt worden, daß dieser Theil der Liberalen den arbeiterfreundlichen Bestrebungen von jeher aufrichtig geneigt war. Es verschlägt dabei nichts, daß, wie schon erwähnt, das Schulze'sche Genossenschaftswesen bisjetzt gerade da, wo es socialpolitisch von Wichtigkeit werden kann — für die Arbeiter in Productionsgenossenschaften — den Dienst so gut wie ganz versagt hat. Die Tendenz: zu Gunsten der Schwächern in die gesellschaftliche Entwickelung einzugreifen, war und ist vorhanden; und die geschichtliche Gerechtigkeit erfordert in diesem Falle gegenüber Schulze-Delitzsch und seinen Mitarbeitern, nicht zu vergessen, daß es vor dreißig Jahren — denn 1848 fing bekanntlich diese Agitation an — ein viel bedeutenderer Schritt war, wie uns heute scheint, dem Optimismus der in Deutschland eben erst zum vollen Siege gelangten Freihandelsdoctrin in dieser Weise entgegenzutreten.

So stellt sich uns demnach die Fortschrittspartei von ihrer socialpolitischen Seite als eine durchaus consequent handelnde und ihren Intentionen nach dankbar zu acceptirende Gruppe dar; und gewiß darf ihr auch das nicht als incorrect angerechnet werden, daß sie, wie ihr Programm zeigt, in der Steuerpolitik eine Entwickelung in der Richtung nach dem Ideal des directen Steuersystems anstrebt, welches seit den Physiokraten, und durchaus in Uebereinstimmung mit den übrigen Grundanschauungen des Liberalismus, als Ziel derselben gegolten hat; wenn man das auch heute manchmal vergißt. Man ist ja heute nur zu sehr geneigt, als „Phantastereien doctrinärer Selbstüberhebung" alles anzusehen, was nicht in die augenblickliche politische Conjunctur paßt, und darum auch Parteien durch die Beschuldigung des „Doctrinarismus" verunglimpfen zu wollen; während dieser neben dem „historischen" Sinn denn doch auch seine hohe Berechtigung und Bedeutung hat, und nicht am wenigsten gerade bei der Schöpfung der modernen Gesellschaft gehabt hat. Man müßte es sogar als ein bedenkliches Zeichen des politischen Verfalls ansehen, wenn der „Doctrinarismus" ganz beiseitegeworfen würde und in Mißachtung käme.

Während also die Fortschrittspartei politisch und socialpolitisch vom Liberalismus aus nach links gehen will, neigt die Gruppe der Agrarier oder Steuer- und Wirthschaftsreformer — wie ihre officielle Benennung ist — von den politisch Conservativen aus socialpolitisch noch weiter nach rechts. Sie bringt die in der historischen Entwickelung und der Natur der wirthschaftlichen Grundlagen liegenden Abweichungen der Anschauungen der Interessenten des beweglichen und des unbeweglichen Besitzes zum Ausdruck; Interessen, von denen schon früher gesprochen wurde. Wir finden hier eine Gruppe, die, ungleich der vorigen, keine selbstständige politische Partei darstellt, sondern zunächst eine wirthschaftliche Partei, aber mit theils bestimmt formulirten, theils wohl erkennbaren socialpolitischen Tendenzen ist. Sowol durch ihre Mitgliedschaft, in welcher die ältesten Adelsfamilien mit Namen besten Klanges zahlreich hervortreten, wie durch ihre literarischen Aeußerungen und ihr Programm bekundet sie die Absicht, zwar nicht den grundlegenden Gedanken des Liberalismus, aber jener ihm vermöge seiner geschichtlichen Entstehung anhaftenden Neigung: die ganze Erwerbsordnung den Interessen des beweglichen Kapitals anzupassen, entgegenzutreten. Ihr Programm, soweit es hier in Betracht kommt, lautet folgendermaßen:

„Die Vereinigung hat den Zweck, die Ideen und Grundsätze einer gemeinnützigen, auf christlichen Grundlagen beruhenden Volkswirthschaft im Volke zu verbreiten und in der Gesetzgebung zum Ausdruck zu bringen. Diese Ideen und Grundsätze sind in dem folgenden Programm zusammengefaßt:

1. Es ist auf eine gleichmäßige Vertheilung aller Steuern hinzuwirken, damit der bisjetzt überbürdete Grundbesitz und die redliche Arbeit in allen Berufszweigen entlastet werden.

2. Die Doppelbesteuerung, welche in der Grund-, Gebäude- und Gewerbesteuer liegt, ist zu beseitigen. Das Renten-Einkommen ist höher zu besteuern als das Arbeits-Einkommen. Gegen die Steuerumgehungen des Geldkapitals sind wirksame Sicherheitsmaßregeln zu schaffen.

3. Auf der Grundlage des Freihandels stehend, sind wir Gegner der Schutzzölle, behandeln jedoch die Eingangszölle und Consumtionssteuern als eine offene Feage. Bei allen Finanzzöllen und indirecten Steuern ist stets darauf Bedacht zu nehmen, daß sie nicht besonders schädlich auf einzelne Districte und Bevölkerungsschichten einwirken. Die Einführung einer Börsenumsatz-Steuer nach dem Werthe, sowie eine Besteuerung der ausländischen Werthpapiere sind dringend geboten."

Statt des ersten Satzes dieses Absatzes ist in der dritten Generalversammlung, Februar 1878, folgende vorgeschlagen und dem Ausschusse zur Berathung überwiesen:

„In der Erkenntniß, daß das absolute Freihandelssystem sich in dem internationalen Handelsverkehre als undurchführbar erwiesen hat, scheint der Schutz der nationalen Gesammtarbeit und Production erforderlich."

„Die Stempel- und Tax-Gesetzgebung ist einer Revision zu unterziehen behufs Lasten-Ausgleichung zwischen Grundbesitz und beweglicher Habe.

4. Im Eisenbahnwesen ist es nothwendig, daß an die Stelle des Actienbetriebes ein billiger, lebenssicherer Staatsbetrieb mit Beseitigung aller Differentialtarife tritt, ohne daß der Besitzstand der einzelnen Staaten berührt wird.

5. Papiergeld auszugeben gebührt allein den gesetzgebenden Factoren des Reiches. Die Banknoten-Privilegien sind zu beseitigen.

6. Das Actiengesetz vom 11. Juni 1870 bedarf einer durchgreifenden Reform. Insbesondere sind Schutzmaßregeln zu treffen gegen die sittlichen und wirthschaftlichen Gefahren, welche die unzureichende Verantwortlichkeit der Gründer und Vorstände nach sich zieht.

7. Die Gewerbeordnung und das Unterstützungswohnsitz-Gesetz bedürfen dringend der Revision.

8. Den Verträgen zwischen ländlichen Arbeitgebern und Arbeitnehmern ist durch Gesetz eine Form anzuweisen, welche für beide Theile einen wirksamen Rechtsschutz im beschleunigten Verfahren mit vorläufiger ortspolizeilicher Entscheidung gewährt.

9. Bezüglich der Gerichtsorganisation ist die Einführung von Schöffengerichten in Erwägung zu ziehen. Der ländliche Grundbesitz ist von dem Zwange des Römischen Rechtes zu befreien. Insbesondere ist ihm eine seiner Natur entsprechende

Verschuldungsform und ein den deutschen Sitten entsprechendes Erbrecht zu gewähren."

Es wäre thöricht, die Sätze einfach als „reactionär" und somit unzeitgemäß beiseiteschieben zu wollen. Es sind darin drei wohlberechtigte socialpolitische Grundgedanken enthalten, die von denjenigen des Liberalismus abweichen, bezw. ihn zu corrigiren und die auf ihn gebaute Erwerbsordnung zu entwickeln geeignet sind: Erstens in dem Verlangen „einer gemeinnützigen, auf christlichen Grundlagen beruhenden Volkswirthschaft"; zweitens in der Betonung der Interessen des Grundbesitzes; und drittens in dem Wunsche, daß das Verhältniß zwischen Arbeitgebern und Arbeitnehmern besser zu organisiren sei.

Die politisch liberale Presse hat besonders heftig gegen die „Agrarier" gesprochen und ihre Bestrebungen in gleicher Weise wie die der „Mucker" als halben Cretinismus hingestellt. Die Art des öffentlichen Vorgehens der Agrarier hat allerdings viel Anhaltspunkte für Angriffe geboten und man kann nicht sagen, daß sie sehr geschickte Vertheidiger ihrer Ideen hatten. Der Tagespresse, welche sich ebenso wenig wie ihr Lesepublikum Mühe zu geben pflegt, in ungewohnte Ideen einzudringen, wurde es leicht, den agrarischen Bestrebungen wirksam entgegenzutreten, die in der That einen reformatorischen, wenn auch, wie gesagt, keineswegs die liberale Ordnung verneinenden, sondern nur ergänzenden Inhalt haben. Es ist um so mehr der Mühe werth, sie etwas genauer zu betrachten, weil sie wirklich den Bedürfnissen eines großen und wichtigen Theiles der Gesellschaft, einen wenn auch ungenügenden Ausdruck geben.

Erstens: die gemeinnützige christliche Grundlage der Volks=

wirthschaft. — Wir finden diese Forderung noch stärker
hervortretend bei den nachher zu besprechenden Ultramontanen,
auch bei den Staatssocialisten und im „ethischen Pathos",
welches die Kathedersocialisten bei ihrem ersten öffentlichen
Auftreten herauskehrten. Wir sind also dort zu noch näherm
Eingehen auf diesen Gedanken veranlaßt, der eine sehr
erklärliche und auch nothwendige Gegenströmung gegen die
Freihandelslehre ist, welche einseitig das Interesse und die
Freiheit der Einzelnen betont und darum mehr zum Zerstören
früherer nicht mehr brauchbarer Organisationen als zu Neu=
schöpfungen auf dem doch auch berechtigten Gebiete der
Gemeinwirthschaft geneigt und geeignet war.

Während wir also weitere Würdigung dieser Bestre=
bungen nach gemeinnütziger und christlicher Gestaltung der
Volkswirthschaft uns vorbehalten, wollen wir hier nur auf
einen Punkt eingehen, der bei den Agrariern ganz besonders
stark hervorgetreten ist, nämlich die Betonung der Gefahren,
welche das Ueberhandnehmen des jüdischen Elements in der
modernen Gesellschaft für diese mit sich bringe, also die
Betonung der Judenfrage als einer socialpolitischen Frage.

Die Agrarier kamen offenbar aus zwei Gründen dazu,
auf diese Frage besonders Gewicht zu legen: erstens als
Vertreter der ländlichen Interessen. Der Grundbesitzer em=
pfindet die Abhängigkeit vom Kapitalisten oft hart, ob nun
durch eigenes Verschulden oder nicht, und hat daher eine
gewisse Antipathie gegen diejenigen, in deren Händen Leihkapi=
talien und Bankwesen hauptsächlich sind; zweitens gab der
Hauptsitz der agrarischen Agitation: Berlin, besondere Ver=
anlassung, den Juden eine wesentliche Mitwirkung an Schatten=
seiten zuzuschreiben, welche man in der Macht des Geld=

kapitals und der Speculation mit beweglichen Werthen sehen wollte oder konnte. In Berlin treten ja gerade die Emporkömmlinge des Judenthums, die bei diesem ebenso wenig wie bei irgendeinem andern Volke sympathische Elemente zu sein und erst in den folgenden Generationen sich bessern socialen Sitten und edlerer Verwendung des Reichthums anzubequemen pflegen, besonders auffallend hervor, und man kann leicht dazu kommen, den Juden als solchen Schädlichkeiten zuzuschreiben, die nur dem zufälligen, zum Theil durch die örtliche Lage Berlins begründeten Vorwiegen von solchen Elementen unter ihnen anzurechnen wären. Dazu kommt, daß im Preußischen und Deutschen Parlament einige Männer jüdischen Glaubens hervorragende Rollen spielen, und man daraus wieder Anlaß nehmen konnte, die Schattenseiten der liberalen Politik und des großen Spielraums, welchen die Geldmacht gegenwärtig findet, mit dem Einfluß des Judenthums wegen dessen hervorragenden Interessen an der Börse und dem Finanzwesen in Verbindung zu bringen.

Die bekannten Schriften gegen das Judenthum von Wilmanns, Niendorf und andern, die von der Seite der Agrarier ausgegangen sind, geben starken Ausdruck einem weitverbreiteten Mistrauen, welches im Volke gegen die Juden vorhanden ist, und sich theils gegen dieselben als eine fremde Rasse, theils wegen ihrer bei uns fast ausschließlichen Beschäftigung mit Geldspeculationen, welche schwerere körperliche Arbeit nicht erfordern, gegen sie richtet. Abneigung gegen die Juden wegen der confessionellen Verschiedenheiten dürfte wol heutzutage nur noch bei einem verschwindenden Theile des deutschen Volkes den wirklichen Grund des Mistrauens abgeben, und die Judenfrage als confessionelle

Frage wird wol nur noch da zur Geltung kommen, resp. gebracht werden wollen, wo nicht allgemeine christliche, sondern kirchliche Tendenzen mit in die socialen Anschauungen hineinspielen. Es kann aber wol nicht davon die Rede sein, ihr von der confessionellen Seite noch wirklich eine Bedeutung abgewinnen zu wollen. Vielmehr kann die Judenfrage nur als Nationalitäts- und als wirthschaftliche Frage in Betracht kommen.

Als Gefahren der Macht des Judenthums bei uns bezeichnet man also erstens, daß eine fremde Nation, die den andern Nationen gegenüber wesentlich internationale Interessen habe, eine dominirende Stellung bei uns erlange und dadurch auf Sitten und Geist unserer Nation zersetzend wirken; und zweitens, daß bei der großen Geschicklichkeit der Juden in Geldsachen allmählich die ganze Geldmacht sich in ihren Händen concentriren und dadurch eine wirthschaftliche Abhängigkeit und Tributpflicht der germanisch-christlichen Majorität gegenüber der jüdischen Minorität entstehe.

Was den ersten Theil dieser Behauptungen, die nationale Seite der Judenfrage betrifft, so würde sie sich also ganz ebenso stellen, wenn Spanier, Engländer oder Eskimos die hervorragende Stellung erlangt hätten, welche jetzt die Juden einnehmen. Von vornherein muß hier bemerkt werden, daß nicht in allen Theilen Deutschlands das jüdische Element so stark ist wie in dem durch die politische Entwickelung überschnell emporgewachsenen Berlin und wie überhaupt in dem Lande östlich der Elbe. In den älter cultivirten Theilen Deutschlands erwecken Zahl und Art der Juden keine solchen Bedenken und Angriffe. Die fremde Nationalität könnte nun aber doch nur dann einen schädlichen socialpolitischen

Einfluß haben, wenn ihr sociales Fühlen und Handeln, ihre Anschauungen und Gewohnheiten sowol andere als auch schlechtere, uneblere waren als die unserigen. Nun scheint es aber nicht nachweisbar, daß die deutschen Juden sich in diesen Punkten von den betreffenden Gesellschaftsschichten unterscheiden — immer abgesehen von den Emporkömmlingen, die sich erst assimiliren müssen — und von ihren Fähigkeiten und ihrem Besitze einen andern, bessern oder schlechtern Gebrauch machen als jene, und es ist wohl anzunehmen, daß sie ihre Eigenthümlichkeiten, die sie in andern Beziehungen als Rasse zeigen, immer mehr verlieren werden, nachdem sie seit ein paar Generationen volle Freiheit haben, sich mit dem andern Volke zu verbinden, und auch ihrerseits von confessionellen und socialen Schranken sich immer freier machen. Es muß also jedenfalls erst erwiesen werden, welche besondern Eigenschaften und besondern Interessen die Juden haben, um uns als Nation gefährlich zu werden. Es ist das bisjetzt von den Agrariern und andern noch nicht genügend dargethan, und ohne dieses wäre es nur ein Armuthszeugniß für das deutsche Volk, wenn es sich der Furcht hingeben wollte, von einer fremden Nation zerstört oder erheblich gestört zu werden.

Was zweitens die wirthschaftliche Seite der Judenfrage betrifft, so ist nur feststehend einmal die Neigung zum Geldspeculations-Geschäft — ob sie durch geschichtliche Verhältnisse begründet ist, bleibt ganz gleich — und dann, daß die Juden durch große Rührigkeit, Rücksichtslosigkeit und Zähigkeit im Erwerb die Freiheit und Gelegenheit, welche dem beweglichen Kapital zur Wirksamkeit und Ausbreitung durch die liberale Gesetzgebung gewährt ist, sehr intensiv zu ihren Gunsten ausgenutzt haben; und daß sie durch den bedeuten=

den Besitz flüssigen Kapitals namentlich bei der modernen privaten und öffentlichen Creditwirthschaft eine bedeutsame Rolle spielen. Ob die Creditwirthschaft, die eine Belastung der Zukunft zu Gunsten der Gegenwart darstellt, eine missbräuchliche Ausdehnung erfahren und gewonnen habe, kann uns hier nicht kümmern; wir können aber die Juden keinesfalls beschuldigen, sie geschaffen oder gegen unsern Willen uns aufgedrungen zu haben. Wenn dieselbe zu dem Resultat führt, daß die Mehrheit wirthschaftlich von der geldbesitzenden Minderheit abhängt, so wird die Thatsache dadurch nicht schlimmer, daß diese Minderheit nicht christlicher und germanischer Abstammung ist, zumal dieselbe keinen schlechtern Gebrauch von ihrer Macht machen wird wie andere Geldbesitzer, bei denen auch die Gemüthlichkeit in Geldsachen aufzuhören pflegt. Man thut also unrecht, gegen das Judenthum loszuziehen, wenn man die Mängel des wirthschaftlichen Systems meint, um diese dadurch vor sich selbst zu verhüllen.

Wir haben hier nicht die Absicht, die Judenfrage — warum sollte man sie nicht discutiren? — erschöpfend zu behandeln, glaubten aber doch, bei der Rolle, welche dieselbe im Streit der socialen Parteien — mehr noch unter der Hand als ausgesprochen — spielt, die Gesichtspunkte andeuten zu sollen, welche zu einer objectiven Behandlung der Sache zu führen scheinen. Keineswegs dürfte der bloße christlich-germanische Gefühlsansturm gegen das Judenthum, den die Agrarier einigermaßen mit ihrer Fahne gedeckt haben, von Nutzen sein können.

Die zweite und wichtigere socialpolitische Forderung der Agrarier ist: die größere Pflege der Interessen des Grundbesitzes, die sich namentlich auf eine Veränderung der Verschuldungsform und des Erbrechts erstrecken soll. Wir haben

schon oben zugegeben, daß hier wirklich ein wunder Punkt
der gegenwärtigen Volkswirthschaft getroffen ist und die
Agrarier guten Grund haben, speciell das „römische" Eigen=
thumsrecht für die geringe Pflege der ländlichen Interessen
in der Neuzeit mit verantwortlich zu machen. Die römisch=
rechtliche Tendenz auf schroffe Abgrenzung und damit Be=
weglichkeit des Besitzes, das römische Hypothekenrecht, die
ganze formal=rechtliche Art der Auffassung der wirthschaft=
lichen Dinge, welche mit dem liberalen Wirthschaftssystem
wieder zur vollen Geltung kamen, waren allerdings wenig
geeignet, die besondern Bedürfnisse der Landwirthschaft zu
berücksichtigen; sie könnten vielleicht wieder zu jener un=
productiven Latifundien=Wirthschaft führen, welche den Unter=
gang des römischen Reichs beschleunigen half, und die in
England, allerdings trotz der nicht so umfangreichen Reception
des römischen Rechts, schon zu dem besorglichsten Umfange
angewachsen und wol nur durch die großen industriellen
und mercantilen Hülfsquellen der Engländer erträglich ist.
Andererseits greift das agrarische Programm aber darin fehl,
wenn es für die landwirthschaftlichen Uebelstände nur das
Gesetz, nicht die betheiligten Personen selbst verantwortlich
zu machen scheint. Warum werden denn ohne reelle Rech=
nungsbasis für landwirthschaftliche Besitzungen selbst heute
noch Kaufpreise gezahlt, die sich aus dem Ertrage gar nicht
rechtfertigen lassen, und gegen deren Folgen auch die beste
Verschuldungsform nicht schützen kann? Und warum thut
die private Initiative nicht mehr, um bei den schon vorhan=
denen weiten Grenzen der Testirfreiheit den Erbgang besser
zu regeln? Die Partei selbst ist auch mit specificirten
Vorschlägen zur Ausführung noch nicht hervorgetreten.

Die dritte Forderung von socialpolitischer Wichtigkeit bezieht sich auf das Verhältniß vom Arbeiter zum Unternehmer, wobei die Agrarier natürlich vornehmlich die ländlichen Arbeiter im Auge haben, deren Interessen und Fragen sich aber von denen des übrigen Lohnarbeiterstandes nicht trennen lassen. Eine rein reactionäre Idee wäre es freilich, wenn jener Programmabsatz nichts bedeuten sollte als die criminelle Bestrafung des Arbeits-Contractbruchs, die in den Verhandlungen der Agrarier eine bedeutende Rolle spielte. Denn mit dem Liberalismus ist es schlechthin unvereinbar, den Arbeitsvertrag von einem privatrechtlichen zu einem öffentlich-rechtlichen Verhältniß zu machen. Es wäre das eine „socialistische" Idee, ganz entgegen den sonstigen Grundanschauungen der Agrarier; socialistisch nämlich insofern, als damit ein Schritt zu staatlichen Eingriffen in die freie, private Erwerbsordnung gethan wäre, der sehr viele andere ähnliche rechtfertigen würde. Die Gruppe lehnt auch in der That jenen Gedanken von sich ab und neigt zu einem Mittelwege.\*) Die Bedeutung jenes Programmabsatzes in Verbindung mit der im Satz 7 ausgesprochenen Forderung der Revision der Gewerbeordnung liegt aber darin, daß hier in zwar nur allgemeiner, aber sehr nachdrücklicher Weise das Verlangen ausgesprochen wird, die Lücke zu ergänzen, welche die reine Anwendung der Freihandelslehre in der Ordnung des Verhältnisses zwischen Arbeiter und Arbeitgeber gelassen hat. Dieses kommt augenscheinlich gegenwärtig auf einen reinen Kampfeszustand hinaus, der um

---

\*) Vgl. Bericht über die Verhandlungen der Vereinigung der Steuer- und Wirthschaftsreformer zu Berlin, Februar 1877 (Berlin, Niendorf, 1877); insbesondere S. 44.

so unleidlicher werden muß, je mehr der Großbetrieb an
Terrain gewinnt, d. h. je mehr, mit mathematischer Sicher=
heit, die Chancen für den Arbeiter sinken, seinerseits in die
Stellung des Arbeitgebers zu kommen, und sich damit Unter=
nehmer und Arbeiter immer mehr in Klassen scheiden. Bis=
jetzt mangeln freilich brauchbare Vorschläge zu dergleichen
wirthschaftlichen Organisationen auch von seiten der Agra=
riergruppe noch ganz; aber vielleicht ist gerade aus diesen
Kreisen, in denen conservative sociale Traditionen und,
neben mancherlei nicht mehr recht zeitgemäßen Anschauungen,
sociales Pflichtgefühl sich unzweifelhaft in verhältnißmäßig
hohem Grade fortgepflanzt haben, Brauchbares zu erwarten.
Sind doch aus dieser Klasse schon früher energische Anregun=
gen zur Umgestaltung des Arbeitsrechts hervorgegangen. Der
mecklenburgische Landedelmann Johann Heinrich von Thünen
auf Tellow forschte in seiner Untersuchung über den „natur=
gemäßen Arbeitslohn" schon in den vierziger Jahren nach einer
gerechtern Vertheilung des Arbeitsertrages zwischen Unter=
nehmer und Arbeiter und stellte der Englischen Schule, die den
Arbitslohn nur als ein Mittel zur Erhaltung der Productions=
kraft kennt, eine Theorie gegenüber, die den Arbeitslohn als
ein socialpolitisches Mittel zur Erreichung der ökonomischen
Selbständigkeit des Arbeiters auffaßt. Freilich kam er dabei
weder zu theoretisch haltbaren noch zu praktisch bedeutsamen
Ergebnissen; denn die Betheiligung am Gutsertrage, die von
ihm eingeführt und auch von seinem Nachfolger auf dem Gute
fortgesetzt wurde, besteht nur in einer Anzahl nach ganz
willkürlichem Maßstabe berechneter und vertheilter Weih=
nachtsgeschenke; und bisjetzt ist diese lobenswerthe und von
einigen großen Grundbesitzern nachgeahmte Einrichtung ohne

jede **principielle** Bedeutung. Aehnlichen wohlwollenden Bestrebungen verdankte auch die „Conferenz ländlicher Arbeitgeber" im Jahre 1872 ihre Entstehung, die aber ebenso wenig sich lebensfähig erwiesen hat wie der im Jahre 1872 entstandene Fabrikantenverein, der auf allgemein humaner Grundlage durch rein private, freiwillige Reformen die fehlenden wirthschaftlichen Organisationen ersetzen wollte, und eine eigene socialreformatorische Wochenschrift „Concordia" gegründet hatte, die nach kurzem Bestehen wieder eingehen mußte. Es scheint eben nicht möglich, auf dem Wege bloßer freier Liebesthätigkeit sociale Probleme zu lösen.

Wir haben also hier eine Gruppe gefunden, die zwar gleichfalls auf dem Boden der gegenwärtigen Erwerbsordnung beharrt, aber schon viel allgemeinere und weiter gehende Forderungen auf Entwickelung derselben stellt\*) wie die Fortschrittspartei.

Eine dritte noch weiter gehende socialreformatorische Gruppe finden wir dann unter den Anhängern der gegenwärtigen ultramontanen oder **katholischen** Partei. Sie vertritt die socialpolitischen Forderungen der katholischen Kirche, welche ihre Vertreter behalten werden, auch wenn sich die ultramontane Partei als politische auflöst. Von dieser

---

\*) Im Flugblatt des Wahlvereins der deutsch-conservativen Partei vom Sommer 1876 finden sich ähnliche socialpolitische Forderungen. Sie verlangen gegenüber der schrankenlosen Freiheit nach liberaler Theorie eine **geordnete** wirthschaftliche Freiheit im Erwerbs- und Verkehrsleben; gleichmäßige Berücksichtigung der Interessen des Grundbesitzes, der Industrie und des Handels; schrittweise Beseitigung der Bevorzugungen des Geldkapitals; Revision des Gesetzes über den Unterstützungswohnsitz und der Gewerbeordnung. Ferner erwarten sie von einer wirksamen Fabrikgesetzgebung Hebung der wirthschaftlichen und sittlichen Lage der Lohnarbeiter.

Seite wurde bekanntlich nicht nur schon längst die sociale Bewegung mit Aufmerksamkeit verfolgt, sondern auch den Bestrebungen der untern Klassen rege Theilnahme zugewendet, ihre vielseitige Berechtigung anerkannt und man hat sich durch Gründung von Gesellenvereinen u. dgl. an ihnen betheiligt. Die von J. Schings in Aachen redigirten „Christlich=socialen Blätter" wirken in diesem Sinne, und es ist bemerkenswerth, daß Jörg, der Redacteur der „Historisch=politischen Blätter", schon 1867 eine Geschichte der socialpolitischen Parteien schrieb. Wie sehr die Führer der Ultramontanen den Arbeitern entgegenzukommen bereit sind, zeigt der „Entwurf zu einem politischen Programm für die Katholiken im Deutschen Reiche" (5. Aufl., Mainz 1873) des verstorbenen Freiherrn von Ketteler, Bischofs von Mainz, in welchem derselbe neben dem Verlangen nach Steuerreformen zu Gunsten der Entlastung der ärmern Klassen und nach Betrieb der Eisenbahnen durch den Staat folgende ausführlich motivirte Forderungen stellt: „Corporative Reorganisation des Arbeiterstandes und des Handwerkerstandes; gesetzlicher Schutz der Arbeiterkinder und der Arbeiterfrauen gegen die Ausbeutung der Geldmacht; Schutz der Arbeiterkraft durch Gesetze über Arbeitszeit und Sonntagsruhe; gesetzlicher Schutz der Gesundheit und Sittlichkeit der Arbeiter bezüglich der Arbeitslocale; Anstellung von Inspectoren zur Controle der zum Schutze der Arbeiter erlassenen Gesetze."

Als das eigentliche katholisch=sociale Programm ist aber noch heute dasjenige anzusehen, welches der Domkapitular Moufang am 27. Februar 1871 in einer Rede vor seinen mainzer Wählern entwickelte. Er beantwortet darin die Frage: Wie kann und muß der Staat den ärmern Klassen helfen? mit vier Forderungen: 1. durch den Schutz der Gesetzgebung; 2. durch Geldunterstützung; 3. durch Minderung der Steuer und Militärlast; 4. durch Beschränkung der Herrschaft des Kapitals. In weiterer Ausführung derselben wird von Herrn Moufang Folgendes verlangt: Schutz der Associationen der Arbeiter; gesetzliche Regelung der Arbeitszeit, der Lohnverhältnisse, der Frauen= und Kinderarbeit und Beaufsichtigung der Arbeitslocale; staatliche Geldunterstützung von Productivassociationen und ähnlichen Unternehmungen, welche den Arbeiter selbständig zu machen bezwecken. Die andern Punkte sind weniger ausgeführt. Die Kirche soll socialpolitisch walten durch den Geist der Liebe, den sie verbreitet; durch das Wohlthun, welches sie übt und üben lehrt; durch den Trost, den sie hier und durch die Verheißung eines bessern Jenseits spendet.*)

Man sieht, daß dieses Programm bei weitem schärfer aber auch einseitiger die Mängel der heutigen Erwerbsordnung betont wie das der Steuer= und Wirthschafts-Reformer. Wenn diese die Interessen des Grundbesitzes denen des beweglichen Kapitals gegenüber und organisatorische Schöpfungen zur befriedigendern Gestaltung des Verhält=

---

*) Vgl. den Inhalt der Rede ausführlicher bei Rudolf Meyer, Emancipationskampf des vierten Standes, 1. Band, 1877, S. 326, Kap. VI „Die christlich=sociale Partei". Ausführungen derselben socialpolitischen Tendenz im Anschluß an die Moufang'sche Rede bei Karl Fürst zu Isenburg=Birstein „Die Parteien im Deutschen Reichstage und die Socialdemokratie"; Mainz, Kirchheim, 1877. Vgl. auch die Darstellung des christlichen Socialismus bei Franz Hitze: „Die sociale Frage und die Bestrebungen zu ihrer Lösung"; mit besonderer Berücksichtigung der verschiedenen socialen Parteien in Deutschland. Drei Vorträge; Paderborn, Bonifaciusdruckerei, 1877.

nisses von Arbeitgeber und Arbeitnehmer betonen, so erscheint die katholische Partei ausschließlich auf die allgemeine Hebung der handarbeitenden und besitzlosen Klassen bedacht.

Bei einer wesentlich kirchlichen Partei kann die hervortretende Sorge für die Bedürfnisse des wirthschaftlich schwächern Theils der Gesellschaft nicht befremden, und es ist auch hier der auch bei Besprechung der Fortschrittspartei zu erwähnende Vorwurf: es handle sich hier nur um einen politischen Köder, durchaus zurückzuweisen. Jede Kirche, die überhaupt noch religiöse Aufgaben anerkennt, wird ihr Augenmerk auf die wirthschaftlichen Mängel richten und mit den ärmern Gesellschaftsklassen sympathisiren; und man müßte die Geschichte vollständig ignoriren oder verdrehen, wenn man die stetig fortgesetzten Bemühungen der katholischen Kirche für das Wohl der arbeitenden Klassen leugnen wollte. Bietet sie doch auch innerhalb ihrer hierarchischen Organisation wol die vollkommenste Verwirklichung einer auf Talent und Verdienst gegründeten socialen Stufenleiter und der Unterordnung der Einzel= unter die Gemeinbedürfnisse, wie sie der Socialismus fordert! Es kann daher nicht wundernehmen, daß die Katholiken, sobald sie als Partei auftraten, arbeiterfreundliche Forderungen stellten.*) Denselben Nachdruck zu

---

*) Das Wahlprogramm der diese Partei im Reichstage vertretenden Fraction, der Centrumsfraction vom 20. Juli 1876, enthält folgende hierher gehörige Sätze bezw. Forderungen:

„Gleichmäßige und gerechte Vertheilung der Steuern und Lasten, Beseitigung der Doppelbesteuerung, Feststellung der jährlich auszuschreibenden Steuersumme.

„Erhaltung und Förderung eines kräftigen Mittelstandes in einem selbständigen Bürger=, Bauern= und Handwerkerstande; und dahin zielende Reform der wirthschaftlichen Gesetzgebung.

geben, wird aber eigentlich erst dann praktische Gelegenheit sein, wenn die Partei aus ihrer politischen Oppositionsstellung heraustritt und in friedlicher Verständigung mit den andern Parteien und der Regierung ihre Ansichten geltend machen kann. Wenn auch anzunehmen ist, daß ein nicht unansehnlicher Bestandtheil der jetzigen katholischen Partei dann den rein Liberalen, ein Theil ihrer Wähler den Socialdemokraten zufallen wird, so dürften doch die conservativen Anhänger socialpolitischer Reformen auch in Zukunft ein bedeutendes Contingent aus dem Kreise derselben empfangen, und dem soeben besprochenen katholischen socialpolitischen Programm wird deshalb eine dauerndere Bedeutung beizulegen sein. Jedenfalls ist die katholische Geistlichkeit auch in Zukunft als Träger desselben anzusehen.

Viel weniger bestimmt als die katholische hat sich bisjetzt die **evangelische** Geistlichkeit zur socialen Bewegung gestellt. Selbstverständlich fehlt es auch hier nicht an wohlwollenden Bestrebungen zur Milderung hervorgetretener Uebelstände, an Ermahnungen der höhern Klassen, dem Princip christlicher Liebe in ihrem Verhältniß zu den untern Raum zu geben. Es wäre unmöglich und den Zielen der christlichen Kirche zu sehr widersprechend, wenn, bei dem jetzt so offen liegenden socialen Zwiespalt, die Diener derselben sich unthätig verhalten und nicht wenigstens so weit über

---

„Freiheit für alle den gesetzlichen Boden nicht verlassende Bestrebungen zur Lösung der socialen Aufgaben. Bekämpfung der Grundsätze und Agitationen, welche das Eigenthum und die sociale Ordnung bedrohen; Unterstützung der berechtigten Forderungen des Arbeiterstandes und deren Regelung durch ein Gesetz über die Rechte der Arbeiter."

die Grenzen der bloßen Seelsorge hinausgehen würden, daß sie durch gute Rathschläge von beiden Seiten auf die Versöhnung der socialpolitischen Gegensätze hinzuarbeiten suchten. Daß dies von den Vertretern der evangelischen Kirche auch schon seit langer Zeit erkannt wird, bezeugen die Bestrebungen des Vereins für Innere Mission und die Verhandlungen in freien kirchlichen Versammlungen evangelischer Männer. Der Lage der kirchlichen Verhältnisse nach fehlt aber diesen Bestrebungen die Einheit und der Nachdruck, welche die katholische Kirche solchen zu geben im Stande ist.

In neuester Zeit ist nun bekanntlich die Action auch der evangelischen Geistlichkeit stärker angeregt oder wenigstens anzuregen versucht worden durch einige evangelische Geistliche der strengern Richtung und gesinnungsverwandte Männer, zusammen bekannt unter dem Namen der „Staatssocia= listen", die eine eigene Wochenschrift dieses Namens, einen „Central=Verein für Socialreform" und eine „Christlich= sociale Arbeiterpartei" gegründet haben, welche letztere in Berlin gegenwärtig (April 1878) etwa 1700 Anhänger und auch in der Provinz vielfachen Anklang gefunden haben soll.

Diese Gruppe tritt ohne jede Verbindung mit politischen Parteien auf, sucht sich, wenigstens vorläufig, namentlich auf die protestantischen Geistlichen Norddeutschlands zu stützen und beruht auf folgenden Grundgedanken: große Mängel der gegenwärtigen Erwerbsordnung, nämlich: Uebermacht und übermäßiges Anwachsen des Großbesitzes, gefährdete wirthschaftliche Existenz der kleinern Gewerbtreibenden und Landwirthe, Unsicherheit und Knappheit der Lebenslage der Lohnarbeiter, rücksichtsloser Kampf der Interessen — seien vorhanden. Dieser unerquickliche Zustand werde aufrecht erhalten und beständig verschärft durch die jetzige namentlich im Interesse der Besitzenden arbeitende parlamentarische Regierung und die Abwesenheit humaner und speciell christlicher Ideen in der Erwerbsordnung; Besserung könne nur herbeigeführt werden durch ein thatkräftiges Eingreifen der Monarchie im Sinne der Unterdrückung des Klassenkampfes und der Herbeiführung zweckmäßiger wirthschaftlicher Organisationen, sowie durch eine Belebung des christlichen Geistes und Sinnes, die vor allen Dingen der Aufgabe der Diener der christlichen Kirche sei.

Die agitatorischen Forderungen, welche diese Gruppe stellt, kommen zum Ausdruck in dem Programm der von ihr gegründeten christlich-socialen Arbeiterpartei mit folgendem Wortlaute:

„Allgemeine Grundsätze.

I. Die christlich-sociale Arbeiterpartei steht auf dem Boden des christlichen Glaubens und der Liebe zu König und Vaterland.

II. Sie verwirft die gegenwärtige Socialdemokratie als unpraktisch, unchristlich und unpatriotisch.

III. Sie erstrebt eine friedliche Organisation der Arbeiter, um in Gemeinschaft mit den andern Factoren des Staatslebens die nothwendigen praktischen Reformen anzubahnen.

IV. Sie verfolgt als Ziel die Verringerung der Kluft zwischen reich und arm und die Herbeiführung einer größern ökonomischen Sicherheit.

Einzelne Forderungen.

I. In die Staatshülfe.

A. Arbeiterorganisation.

1. Herbeiführung obligatorischer, fachlich geschiedener,

aber durch das gesammte Reich hindurchgehender Fachgenossenschaften, mit ihnen zusammenhängend

2. Regelung des Lehrlingswesens, Errichtung obligatorischer Schiedsgerichte, Witwen= und Waisen=, sowie Invaliden= und Alterversorgungs=Rentenkassen.

3. Autorisation der Fachgenossenschaften zur Vertretung der Interessen und Rechte der Arbeiter ihren Arbeitgebern gegenüber.

4. Verpflichtung der Fachgenossenschaften zur Haftung für die von den Arbeitern etwa zu übernehmenden contractlichen Verbindlichkeiten.

5. Staatliche Controle des fachgenossenschaftlichen Kassenwesens.

### B. Arbeiterschutz.

1. Thunlichste Verhinderung der Sonntagsarbeit. Einschränkung der Arbeit von Kindern und verheiratheten Frauen in Fabriken.

2. Normalarbeitstag, modificirt nach Fachgenossenschaften.

3. Energische Anstrebung der Internationalität dieser Arbeiterschutzgesetze; bis zur Erreichnng dieses Zieles ausreichender Schutz der nationalen Arbeit.

4. Schutz der Arbeiterbevölkerung gegen gesundheitswidrige Zustände in den Arbeitslocalen.

### C. Staatsbetrieb.

1. Arbeiterfreundlicher Betrieb des vorhandenen Staats= und Communaleigenthums.

### D. Besteuerung.

1. Progressive Einkommensteuer als ausgleichendes Ge=

gengewicht gegen bestehende oder zu schaffende indirecte Be=
steuerung.

2. Hohe Luxussteuern.

3. Progressiv höhere Besteuerung der Erbschaften bei
größerm Vermögen und entferntern Verwandtschaftsgraden.

II. An die Geistlichkeit.

Liebevolle und thätige Theilnahme an allen Bestrebungen,
welche auf eine Erhöhung des leiblichen und geistigen Wohles,
sowie auf die sittlich=religiöse Hebung des gesammten Volkes
gerichtet sind.

III. An die besitzenden Klassen.

Bereitwilliges Entgegenkommen gegen die berechtigten
Forderungen der Nichtbesitzenden durch Einwirkung auf die
Gesetzgebung, sowie durch thunlichste Erhöhung der Löhne
und Abkürzung der Arbeitszeit.

IV. An die Selbsthülfe.

A. Freudige Unterstützung der fachgenossenschaftlichen
Organisation als eines Ersatzes dessen, was in den Zünften
gut und brauchbar war.

B. Hochhaltung der persönlichen und Berufsehre, Ver=
bannung aller Roheit aus den Vergnügungen und Pflege
des Familienlebens in christlichem Geiste."

Wir haben hier ein socialpolitisches Programm vor uns,
das einerseits jede revolutionäre Tendenz entschieden zurück=
weist, die Grundlagen der modernen Gesellschaft: allgemeine
Durchführung des Privateigenthums, Selbständigkeit der
auf Einehe beruhenden Familie, wirthschaftliche Selbstbe=
stimmung des Einzelnen, freien Arbeitsvertrag, persönliche
Freiheit und Gleichheit, — also die Grundlagen der libera=

len Wirthschaftsordnung durchaus aufrecht erhalten will, aber zugleich sehr umfassende Aufgaben an den Staat in der Absicht stellt, durch eine ganze Reihe socialpolitischer Einrichtungen die Lage der ärmern Klassen zu heben und zu sichern und der wirthschaftlichen Macht des Besitzes Schranken anzulegen. Es wird den socialdemokratischen Forderungen so weit entgegengegangen als nur möglich ist, ohne revolutionär zu werden, zugleich aber den Socialdemokraten Fehde angekündigt, und zwar wegen ihrer gegen die Grundeinrichtungen unserer Gesellschaft gerichteten, social wie politisch umstürzenden und zugleich unchristlichen, materialistischen Bestrebungen. Wie bei der Fortschrittspartei ist bei dieser christlich-socialen Gruppe der Kampf gegen die Socialdemokratie eben gerade deswegen besonders betont, weil bei jener in einzelnen, bei dieser in vielen Punkten die Forderungen gleiche oder sehr ähnliche sind, aber doch von einer andern Gesammtanschauung getragen werden.*)

Die liberale und ein Theil der conservativen Presse ist bekanntlich gegen diese „Mucker" sehr scharf ins Geschirr gegangen, ohne eigentlich für die Gründe dazu genügend Rechenschaft zu geben, da die Christlich-conservativen an loyaler Anerkennung der bestehenden Ordnung wol wenig zu wünschen übriglassen. Ueber ihre friedlichen Absichten kann man eigentlich keine, allerdings aber über die Zweckmäßigkeit ihres Vorgehens ernstliche Zweifel erheben.

---

*) Die der staats-socialistischen Richtung zu Grunde liegenden Anschauungen sind am ausführlichsten entwickelt in dem Buche eines der Schöpfer derselben: Pastor Rudolf Todt, „Der radicale deutsche Socialismus und die christliche Gesellschaft"; Wittenberg, Ruß, 2. Aufl. 1878.

Wir können uns hier ebenso wenig wie bei den andern socialpolitischen Gruppen darauf einlassen, im einzelnen zu prüfen und uns darüber zustimmend oder verwerfend auszusprechen, sondern wir haben uns nur im allgemeinen über die Berechtigung der Existenz dieser socialreformatorischen Gruppe oder Richtung Rechenschaft zu geben.

In ihrer Eigenschaft als conservative Gruppe betont sie also namentlich das monarchische und das christliche Element. Sie bekundet durch ersteres bestimmte politische, wenn auch nicht Partei-Tendenzen, und sucht jenen politischen Factor social wirksam zu machen. So sehr sie auch hierin gerade durch die preußische Geschichte, die sie vorwiegend im Auge hat, gerechtfertigt wird, muß man doch sagen, daß sie sich damit gegen die heutige politische Entwickelung in Widerspruch setzt. Denn es scheint danach so, als ob der Monarch ohne parlamentarische Mitwirkung eventuell unter Beseitigung des parlamentarischen Widerstandes sociale Reformen ausführen solle oder könne. Einen andern Sinn kann die Betonung des monarchischen Elements hier wol nicht haben, da eine Gefährdung desselben als bestehender Einrichtung nicht vorhanden ist. Es liegt also hier eine unzulässige, mindestens aber unnöthige Hervorkehrung einer politischen Idee für socialpolitische Zwecke vor.

Was dann zweitens die specifisch christliche Tendenz dieser Richtung betrifft, so müssen wir zuerst wiederum den auch hier gemachten Vorwurf für unbegründet halten, es handle sich nur um ein Aushängeschild für politische, hier also conservative Tendenzen. Denn es ist, wie gesagt, die Verbindung dieser Gruppe mit irgendwelcher politischen Partei noch nicht zu entdecken, und es ist nicht zu sagen,

welcher derselben Stimmen zugeführt werden sollten. Auch
ein Zusammenhang mit bestimmten kirchlichen Parteien —
sofern man von solchen überhaupt reden darf — ist nicht
nachzuweisen. Hervorragende Leiter der Bewegung gehören
allerdings der strengern protestantischen Richtung an; indeß
ist das mehr zufällig, wenn nicht zu motiviren durch den
Drang praktischer Bethätigung, den gerade kirchlicher Eifer
erzeugen mag. Es fragt sich nun, ob der hier hervortretende
kirchliche Standpunkt gerade als ein für socialpolitische
Reformen wirksamer angesehen werden kann. Es würde
vielleicht zu viel gesagt sein, wenn man behaupten wollte,
daß allgemein eine Entfremdung der großen Massen, auf
die socialpolitisch gewirkt werden soll, von der protestan=
tischen Kirche eingetreten sei; aber dies darf wol gesagt
werden, daß die protestantische Geistlichkeit, sei es wegen
Verstrickung in unfruchtbare dogmatische Streitereien, sei es
aus Mangel an Verständniß für den socialen Inhalt des
Christenthums überhaupt und die Möglichkeit social ver=
mittelnder und hebender Einwirkung der Geistlichen ins=
besondere, sich in neuerer Zeit keine Stellung im Volk zu ver=
schaffen gewußt hat, die sie für solche socialpolitische Arbeit
befähigen könnte. Eine Intervention der Geistlichen in
dieser Weise muß also etwas Gemachtes haben und wird
darum, vorläufig wenigstens, kaum wirksam sein. Am
wenigsten wird den Anhängern der Socialdemokratie auf
diesem Wege beizukommen sein. Andererseits hat auch
bei einem sehr erheblichen Theil der besitzenden conser=
vativen Klassen die protestantische Kirche zu wenig Einfluß,
um ihrerseits eine neue socialpolitische Bewegung unter
ihnen zu erzeugen; zumal der Zwiespalt zwischen Frei=

sinnigen und Rechtgläubigen störend dazwischentritt. Während bei der katholischen Kirche die Macht dieser Institution selbst und ihre Bedeutung für das politische Parteileben auch socialpolitisch einflußreich wird, ist für die protestantische Kirche die Lage nicht so günstig, und es ist daher wol auch in Bezug auf seine kirchliche Basis der „Staats= socialismus" nicht geeignet, socialreformatorisch wirksam zu werden. Entschieden ungerecht wäre es aber, die durchaus löbliche Tendenz dieser Bestrebungen verkennen zu wollen, und für denjenigen, der überhaupt sociale Misstände zugibt, sehen wir keinen Grund, sie nicht zu unterstützen, soweit es die eigene Ueberzeugung gestattet. Die Angriffe darauf dürfen als entschieden zu weit gehend bezeichnet werden, sofern sie sich auf die eben besprochenen Grundtendenzen der Gruppe beziehen. Etwas anderes ist es, wie weit man mit den einzelnen von ihr gestellten socialen Forderungen überein= stimmt. Daß diese aber auch von einem ganz andern all= gemeinen Standpunkte als dem christlich=monarchischen aus gestellt werden können, leuchtet ein.

Wie weit diese hier geschilderten socialreformatorischen Bestrebungen ihre Nahrung aus der wissenschaftlichen Kritik der gegenwärtigen socialen Zustände gezogen haben, wie weit sie praktischen Bedürfnissen entspringen, ist schwer zu bestimmen und auch für uns hier gleichgiltig. Gewiß ist aber einerseits, daß die liberale Anschauung und Gesetz= gebung einen mächtigen Stützpunkt gefunden hatte durch die deutsche wissenschaftliche Bearbeitung und Verbreitung der Physiokratisch=Smith'schen Lehre, d. h. der Freihandelslehre, wie sie zuerst von den französischen Physiokraten, dann von Adam Smith, Ricardo und ihren Nachfolgern, besonders

wirksam dann auch wieder von den Franzosen J. B. Say,
Bastiat und andern formulirt wurde; und gewiß ist andererseits
dies, daß die kritische und historische Richtung, die sich seit
Mitte dieses Jahrhunderts in der deutschen Socialwissen=
schaft geltend gemacht hat, die schon geschilderten reforma=
torischen Bestrebungen wesentlich förderte. Ebenso ist es
gewiß, daß diese neuere socialwissenschaftliche Richtung
wesentlich angeregt wurde durch die Kritik, welche die
socialpolitischen Theoretiker seit Sismondi und Saint=Simon
der Freihandelslehre angedeihen ließen. Allerdings schien
es bis zum Anfange des vorigen Jahrzehnts, als ob die
sogenannte gelehrte Welt dem Socialismus keinerlei Einfluß
auf sich gestatten wollte. In der Fachliteratur hatte zwar
Bruno Hildebrand in seiner „Nationalökonomie der Gegen=
wart und Zukunft" (Bd. 1, Frankfurt a. M. 1848) die
socialistischen Theorien wissenschaftlich gewürdigt und auf
den Werth ihrer kritischen Leistungen dem Smithianismus
gegenüber aufmerksam gemacht, ohne indeß die von ihm ge=
wonnenen Ergebnisse für den weitern Ausbau der volks=
wirthschaftlichen Theorie, für eine Nationalökonomie der
Zukunft zu verwerthen. Gleichzeitig hatte Lorenz Stein in
seiner „Geschichte des Socialismus" die wissenschaftlichen
Ideen und Reformpläne dieser Richtung objectiv und an=
ziehend geschildert und die Bedeutung derselben hervor=
gehoben. Beide Werke wurden als wissenschaftlich höchst
werthvolle Leistungen anerkannt, vermochten indeß vorerst
einen tiefern Einfluß auf die Theorie nicht zu gewinnen.
Die Freihandelslehre mit ihren abstracten Formulirungen
und absoluten Lösungen blieb auf den Kathedern wie in
der Tagespresse die herrschende. Indessen trat doch all=

mählich eine Umwandlung der Forschungsmethode ein, welche die Lehre zur Aufnahme neuer Ideen geeigneter machen mußte. Die Volkswirthschaftslehre war durch Ricardo und seine Schüler auf den Standpunkt einer rein deductiven Theorie geführt worden, die aus sehr einfachen, aber zum Theil auch recht einseitigen Vordersätzen die ganze Summe von Folgerungen zog und auf das praktische Leben schlechtweg zu übertragen suchte. Nun wurde aber seit den funfziger Jahren durch Bruno Hildebrand, Stein, Roscher, Knies u. a. der Weg der geschichtlichen Forschung eingeschlagen, der zur Anerkennung des Princips der Relativität in der Nationalökonomie führte. Man erkannte also, daß verschiedene Culturstufen auch verschiedene Bedürfnisse in der Einrichtung der Volkswirthschaft erzeugen und die Volkswirthschaftspolitik sich danach richten müsse. Und allmählich lernte man diesen Maßstab auch an das Physiokratisch=Smith'sche System anlegen und kam zu dem Ergebnisse, daß auch dessen Lehren nicht, wie man allgemein verkünden hörte, "ewig gültige Naturgesetze" seien, sondern einfach ein Product des Zeitbedürfnisses und auch, wie schon in Abschnitt II dargelegt, durchaus berechtigt waren, aber selbstverständlich ebenso wie alle menschlichen Lehren und Zustände der Weiterentwickelung bedürften.

Auf Grund dieser Erkenntniß bildete sich dann im Laufe der sechziger Jahre eine jüngere deutsche Schule von Nationalökonomen, denen namentlich die von Bruno Hildebrand 1863 gegründeten "Jahrbücher für Nationalökonomie und Statistik" als Organ dienten, während die ältere Freihandelsschule in der "Vierteljahrsschrift für Volkswirthschaft und Culturgeschichte" von Faucher und Prince=Smith Vertretung fand.

Die von der ältern Schule abweichenden Anschauungen dieser neuen, jetzt unter dem Namen Kathedersocialismus bekannten Richtung bestanden vornehmlich darin: daß die scharfe Abgrenzung der Eigenthumsrechte, die formelle Sicherung der wirthschaftlichen Selbstbestimmung, die Schaffung freien Spielraums für den wirthschaftlichen Egoismus — das Selbstinteresse, wie die Freihandelsschule es mit Anschluß an den englischen Ausdruck nennt — nicht genüge, um den Zweck des wirthschaftlichen Zusammenwirkens in der Gesellschaft zu verwirklichen, der kein anderer sein könne, als allen Theilnehmern an dem volkswirthschaftlichen Kreise ein thunlichst großes Maß von Wohlsein zu verschaffen und auch zu sichern. Um diesen Zweck zu erreichen, dürfe man sich nicht scheuen, das nicht mehr in den politischen Verhältnissen begründete Vorurtheil der ältern Schule gegen die wirthschaftliche Einwirkung des Staates, der öffentlichen Gewalt beiseitezusetzen und der Idee entgegenzutreten, daß die Schrankenlosigkeit des Verkehrs und Erwerbes zur socialen Harmonie führen müsse. Vielmehr müsse man sowol den „Socialisten", welche die Idee der Gegenseitigkeit in socialen Rechten und Pflichten betonen, als auch den gegen die Freihandelslehre gewendeten wissenschaftlichen Erörterungen eines Friedrich List, der die nationale Seite der Volkswirthschaft hervorkehrt, wie der vorhin genannten Gelehrten, welche auf die Schwächen der naturrechtlichen Anschauung in socialen Dingen hinwiesen, gebührend Rechnung tragen.

Diese wissenschaftliche Richtung trat dann auch öffentlich auf, indem sie im Herbst 1872 die Gesinnungsgenossen zu einer „Conferenz zur Besprechung der socialen Frage" in

Eisenach) zusammenberief und 1873 einen „Verein für Socialpolitik" gründete, der sich besonders durch die Sammlung von wissenschaftlichen Gutachten, welche er über eine Anzahl von auf der Tagesordnung stehenden Fragen sammelte und die zum Theil reiches Material enthalten, verdient gemacht hat.*)

Die Berechtigung der hier charakterisirten wissenschaftlichen Bewegung kann an und für sich Zweifeln bei unbefangener Betrachtung der Sachlage nicht unterliegen; und wissenschaftliche Bestrebungen der gleichen Richtung machen sich auch in den andern Ländern, deren volkswirthschaftliche und gesellschaftliche Einrichtungen auf denselben Grundlagen wie bei uns beruhen, bemerklich. Eine andere Frage ist es, ob das öffentliche Hervortreten derselben in Deutschland in Form eines Vereins berechtigt, bezw. zweckmäßig zu nennen ist. Man konnte dies insofern bejahen, als der „Verein für Socialpolitik" den agitatorischen Wanderversammlungen der ältern Freihandelsschule, den namentlich aus liberalen Journalisten und Vertretern des Handelsstandes bestehenden „volkswirthschaftlichen Congressen" entgegentreten wollte, die auf Presse und Gesetzgebung starken Einfluß übten. Diese Vereinigungen waren wirksam und verdienstvoll, solange es galt, der liberalen Gesetzgebung ihre berechtigten Wege zu ebnen, und sie fanden ihre Kraft in der Vertretung einseitiger, aber klar und bestimmt formulirter Grundsätze. Bei der neuern, gegen die Freihandelslehre oppositionellen Bewegung, welche bekanntlich den Namen der „Kathedersocialisten"

---

*) Schriften des Vereins für Socialpolitik; Leipzig, Duncker u. Humblot, 1874 fg.

bekam, weil ihre Stimmführer nationalökonomische Professoren der deutschen Hochschulen waren, existirten nun aber einheitliche klare Grundsätze, wie sie zu einem öffentlichen agitatorischen Auftreten nothwendig sind, nicht; besondere Wirkungen ließen sich daher von den akademischen Gesprächen, die seit 1873 auf vier Jahresversammlungen in Eisenach abgehalten wurden, nicht erwarten. Die nicht durch öffentliches Hervortreten gestörte und dadurch einigermaßen gebundene Arbeit der einzelnen Gelehrten hätte vielleicht reifere Früchte gezeitigt. Die Unsicherheit und Verschiedenheit der socialpolitischen Ansichten\*) hat denn auch bereits die zwar nicht formelle, aber doch factische Auflösung des Vereins für Socialpolitik herbeigeführt, dessen den freihändlerischen Anschauungen mehr zuneigender Theil sich neuerdings mit den Anhängern des Volkswirthschaftlichen Congresses verbunden und damit also selbständiger Agitation entsagt hat. Es wurde ihm dies um so leichter, als nach Erfüllung seiner agitatorischen Aufgabe auch jener Congreß an Einheit und Entschiedenheit des Standpunkts verloren hat. Der weitern Entwickelung jener wissenschaftlichen Richtung als solcher ist damit natürlich keineswegs präjudicirt.

Welchen Einfluß, und ob überhaupt einen, diese neuere Schule der Volkswirthschaftslehre, die wesentlich auf die Ausbildung einer eigentlichen Gesellschaftswissenschaft aus-

---

\*) Diese Gegensätze werden besonders beleuchtet durch die Schriften von Adolf Wagner: „Die Communalsteuerfrage; Ausarbeitung eines Referats im Verein für Socialpolitik. Mit einem Nachwort: Der Verein für Socialpolitik und seine Verbindung mit dem Volkswirthschaftlichen Congreß"; Leipzig 1878 und Adolf Held: „Socialismus, Socialdemokratie und Socialpolitik"; Leipzig 1878.

geht, bisjetzt geübt hat, ist schwierig zu sagen. Ihr Streben geht natürlich dahin, die Anschauungen der Gebildeten und der Besitzenden in dem Sinne zu beeinflussen, daß sie die Schattenseiten der gegenwärtigen Volkswirthschaft sich zum Bewußtsein bringen, insbesondere die Verbesserungsbedürftigkeit der vielfach gedrückten und unsichern Lage der ärmern und lohnarbeitenden Schichten anerkennen, und durch Reformen auf dem Wege der Freiwilligkeit und der Gesetzgebung den berechtigten Forderungen entgegenkommen und damit gewaltsamen socialen Bewegungen vorbeugen, eine friedliche und harmonische Entwickelung der Gesellschaft befördern. Diese Aufgabe ist gewiß eine schwierige und nach den bisherigen Erfahrungen nicht sehr hoffnungsvolle, da es sich um Eigenthumsfragen, sociale Interessen und Opfer handelt. Indeß sind die Lehren der Geschichte ja keine für alle Zeiten maßgebenden.

Wir glauben, daß mit obiger Formulirung die Aufgaben, welche die praktischen Kathedersocialisten sich stellen und vernünftigerweise stellen können, erschöpft sind, und daß sich dann auch gegen ihre Bestrebungen nichts wird einwenden lassen. Eine eigentliche Vermittlerrolle zwischen den Conservativen und Radicalen, den Liberalen und Socialdemokraten können sie schon deshalb nicht übernehmen oder beanspruchen, weil ihr Einfluß auf die letztgenannten, die oppositionellen Richtungen, augenscheinlich gleich Null ist. Man hat ihnen zwar, während man sie in der ersten Zeit ihres öffentlichen Hervortretens von seiten der wohlhabenden Schichten und der Regierungen vielfach sympathisch empfing, neuerdings vorgeworfen, sie beförderten durch ihre Kritik der bestehenden socialen Ordnung die revolutionären Bestrebungen\*), indessen offenbar irrthümlich. Social-revolutionäre Bestrebungen und Revolutionen, wie man sie fürchtet, entstehen nur aus dem Drange der Verhältnisse selbst und nicht durch einzelne Männer, Schriften und Kathedervorträge. Andererseits aber haben die Socialisten und Socialdemokraten die kathedersocialistische Theorie in keiner Weise nöthig, um zur Entfaltung zu kommen. Die Kathedersocialisten haben sich ja für ihre kritische „staatsgefährliche" Thätigkeit nur mit vorsichtigem Eklekticismus das angeeignet, was die socialistischen Schriftsteller seit Saint-Simon in dieser Beziehung geleistet haben, und die neuern eigentlich „socialistischen" Schriftsteller, welche vor und ganz unabhängig von den Kathedersocialisten gearbeitet haben, wie Karl Marx, Lassalle, Rodbertus übertreffen nicht nur diese an Geist und Wissen, sondern sind auch in ihren Folgerungen so viel extremer, daß es keinem Socialdemokraten einfallen kann, sich auf die Kathedersocialisten als Autoritäten zu berufen.

Wenn man aber den Kathedersocialismus für gefährlich erklärt und seine Entwickelung durch den Druck der öffentlichen Meinung der Gebildeten und durch äußere Maßregeln zu hemmen suchen wollte, so würde man damit Gefahr laufen, die Entwickelung der nationalökonomischen Wissenschaft überhaupt zu hemmen. Es wird sehr leicht sein, Männer als Lehrer der Volkswirthschaft zu finden, welche durch ihre Gesinnung oder ihre Unfähigkeit die Garantie bieten, die sociale Ordnung durch ihre Kritik nicht zu erschüttern; da aber die

---

\*) S. insbesondere Ludwig Bamberger: „Deutschland und der Socialismus", Leipzig, Brockhaus, 1878; zuerst erschienen in der „Deutschen Rundschau", Februar und März 1878.

socialen Einrichtungen nicht auf Naturgesetzen beruhen, sondern stets unvollkommen und entwickelungsfähig bleiben werden und durch Stabilität der Gefahr gewaltsamer Umwälzungen unterliegen, so muß der geschichtlichen und kritischen Forschung der freieste Spielraum gelassen werden; und nicht diejenigen, welche sie üben, werden die gefährlichen sein. Gegen unpraktische Ideologien bieten die praktischen Interessen genügende Corrective; und viel mehr als der zahme Socialismus auf dem Katheder, wenn er nur mit gründlicher wissenschaftlicher Forschung und Kritik verbunden ist, schaden Vorurtheile und Unwissenheit in socialwissenschaftlichen Dingen in den Kreisen, welchen die Pflege der socialen Entwickelung obliegt, und auf welche die Kathedersocialisten wirken möchten.

## V.
### Die radicalen Parteien.

In social völlig gesunden Zuständen müßte das ganze Volk eine conservative Masse sein, und es sollte in derselben nur reformatorische Gruppen geben, welche der Entwickelungsbedürftigkeit aller gesellschaftlichen Zustände Rechnung trügen. Der Boden für oppositionelle Elemente müßte fehlen, und diese sollten nur aus solchen bestehen, die durch ihre eigene Schuld sich mit der gesellschaftlichen Verfassung in Widerspruch gesetzt haben. Ein frischer fröhlicher Krieg mag in der Wissenschaft und Politik ganz gesund, im Völkerleben hier und da nothwendig sein, im socialen Leben ist der Kampfeszustand weder gesund noch nothwendig. Gesund ist er nicht, weil er immer das Ergebniß einer lange vorhandenen Nothlage eines Theiles der Gesellschaft ist, und nothwendig ist er nicht, weil sociale Einrichtungen überhaupt nichts Nothwendiges sind, sondern von der Einsicht und der Willigkeit der Volksgenossen abhängen. Das Bestehen einer großen oppositionellen Schicht ist also ein unverkennbares Zeichen ungesunder Zustände. Allerdings ist das Bestehen, oder besser gesagt: Hervortreten einer starken activen Opposition insofern ein günstiges Zeichen, als dieselbe, ohne sofort in gewaltsamer Weise auszubrechen, sich erst dann öffentlich geltend machen kann, wenn der Druck zu weichen begonnen hat und freisinnige Tendenzen zum Durchbruch gekommen sind. Die gegenwärtige Socialdemokratie ist deshalb das Zeichen einer wirklich liberalen Aera. Indessen ist es ein leidiger Trost, daß es früher schlechter gewesen sei; und es darf keine Beruhigung oder mindestens kein Motiv für sociale Unthätigkeit darin gesucht werden, daß es immer besser werde. Mit solchen allgemeinen Vorstellungen und Redensarten läßt sich keine Socialpolitik treiben. Vielmehr gilt es, die Art und Stärke der Bewegung und ihre wirklichen Grundlagen zu untersuchen, um ihren wahren Charakter, ihre Begründung und Dauerbarkeit zu erkennen, um zu sehen, welche Mittel zur Besserung nöthig und möglich sind.

Daß eine Bewegung, wie wir sie heute in der Socialdemokratie vor uns gegen die Grundlagen der Gesellschaft anstürmen sehen, von einzelnen Leuten gemacht, künstlich erzeugt und daher auch mit der Beseitigung der Führer oder gar durch dialektische Widerlegung der Theorie, auf welche sie sich stützt, zu beseitigen sei, könnte nur derjenige glauben, der entweder gar keine Kenntniß der socialen Geschichte hätte oder die Sache über die Personen vergäße. Dies' letztere kann solchen wol begegnen, welche als „Eingeweihte" in der socialpolitischen Agitation stehen oder standen und in das kleinliche Getriebe der Fractionen und Persönlichkeiten blickend den Glauben an die Reellität der Bewegung selbst verlieren. Es ist das die alte Geschichte vom Kammerdiener des großen Mannes, der dessen private Schwächen kennt und diese Erfahrungen auf die öffentliche Person überträgt. — Indessen kann hier eben nur unbefangene geschichtliche Erwägung, welche das Ganze der Entwickelung im Auge hat, zum rich=

tigen Urtheil führen, und wird darüber keinen Zweifel lassen, daß die Ursachen der oppositionellen Bewegung in der modernen Gesellschaftsverfassung selbst, nicht in revolutionären Persönlichkeiten liegen.

Die Entstehung und das Wesen des modernen Lohnarbeiterstandes sind, soweit für den Zweck dieser Erörterungen unentbehrlich war, im zweiten Abschnitt geschildert, und ebenso ist dort dargelegt worden, wie in diesem Stande die socialdemokratische Idee, d. h. das Streben nach politischer Macht zum Zweck socialer Reformen zu Gunsten der Besitzlosen, um die liberale Idee der Freiheit und Gleichheit thatsächlich durchzuführen, Wurzel fassen konnte. Wir haben die Entstehungsgeschichte der socialdemokratischen Idee bis auf Louis Blanc's Formulirung derselben verfolgt. Daß diese Formulirung nicht nur für Frankreich, sondern die ganze moderne Gesellschaft Anwendung finden konnte, ist aus dem — innerhalb des germanisch-romanischen Culturkreises — internationalen Charakter der Cultur- und Wirthschaftsentwickelung selbstverständlich.

In Deutschland war noch in den revolutionären Bewegungen des Jahres 1848 von einer selbständigen Politik der Besitzlosen nicht die Rede; diese Bewegungen waren durchaus „liberale", die letzte Vollendung der seit der Französischen Revolution begonnenen Umwandlung der feudalen in die liberale Gesellschaft. Daß das bloße Zerstören alter Formen nicht genüge, empfand man allerdings auch bei uns schon damals. Zeugen dessen: Schulze-Delitzsch's Versuche zur Organisirung der „Selbsthülfe" und die weitverbreitete Anerkennung, deren sich diese Versuche bei den Liberalen selbst erfreuten; wovon wir gleichfalls schon früher sprachen. Die

neue Ordnung der Dinge mußte aber natürlich erst längere
Zeit bestanden und gewirkt haben, ehe von einer Sammlung
der unzufriedenen Elemente die Rede sein konnte.

Bekanntlich bezeichnet das Auftreten Ferdinand Las=
salle's für Deutschland den Zeitpunkt, wo die bisher un=
bestimmt tastenden und zerfahrenen Bestrebungen der lohn=
arbeitenden Klasse einen festen Anhalts= und Sammelpunkt
gewannen und sich bei uns eine eigentliche, von bestimmt
formulirten Gedanken getragene Arbeitspartei zu bilden be=
gann; Gedanken, die eben keine andern sein konnten als
jene socialdemokratischen.

Lassalle hätte selbstverständlich in der kurzen Zeit seiner
Wirksamkeit, von 1862, wo er im berliner Arbeiterverein
zuerst seine Ideen entwickelte, bis zu seinem Todesjahre 1864,
in welchem er seine Schrift „Herr Bastiat=Schulze von De=
litzsch, der ökonomische Julian, oder Kapital und Arbeit"
herausgab, den Lohnarbeitern das Bewußtsein der Zusammen=
gehörigkeit und des Klassengegensatzes gegen die Unternehmer
nicht so lebendig einflößen und trotz bei seinen Lebzeiten gar
nicht bedeutender äußerer Erfolge so nachhaltig wirken können,
wenn der Boden dafür nicht in den socialen Zuständen selbst
gelegen hätte.

Lassalle's Persönlichkeit und wissenschaftliche Bedeutung
kümmert uns hier nicht\*); man kann über ihn urtheilen

---

\*) Zur Beurtheilung Lassalle's: „Georg Brandes; Ferdinand
Lassalle. Ein literarisches Charakterbild. Aus dem Dänischen; Berlin,
Duncker, 1877. Mit Aufzählung aller und Charakterisirung der wich=
tigsten Schriften Lassalle's. Seine Thätigkeit schildert Brandes folgender=
maßen: „Zwischen dem März 1862 und Juni 1864 hat er nicht weniger
als zwanzig Schriften verfaßt, von denen drei oder vier durch ihren

wie man will, die eine Thatsache ist nicht zu bestreiten, daß
es ihm gelang, mit bewunderungswürdiger Schneidigkeit
wissenschaftliche Sätze zu Werkzeugen des lebendigen socialen
Kampfes zuzuspitzen und dadurch die zerstreuten Elemente
socialen Widerstandes zu einer Streitmacht zu sammeln.
Sein wissenschaftliches Rüstzeug konnte er einer langen Reihe
von Socialisten vor ihm, von Saint=Simon an, entlehnen
und wenn wir Lassalle's Lehre, welche die Arbeiter um sich
sammelte, prüfen, so ist in der That ihr socialpolitisch be=
deutender Kern im Grunde kein anderer als jener social=
demokratische Gedanke, den wir durch Saint=Simon vorbe=
reitet und bereits bei Louis Blanc formulirt fanden; und
er konnte auch kein anderer sein, wenn den Arbeitern ein
Programm hingestellt werden sollte, in welchem ein Ziel
der Agitation für sie als Klasse vorhanden war.

Und Lassalle's Programm war dieses:

In der gegenwärtigen Verfassung der Volkswirthschaft
hat die Arbeit keinen Anspruch auf ihr Product, sondern

---

Umfang sowol wie durch ihren Inhalt ganze Bücher sind, und von
denen die meisten trotz ihrer Kürze und Gemeinfaßlichkeit einen Ge=
dankenreichthum enthalten und mit einer wissenschaftlichen Schärfe
geschrieben sind, die sich sehr wenigen großen Büchern nachrühmen
läßt. Außerdem hat er zu derselben Zeit Rede auf Rede gehalten,
mit einer Arbeiterdeputation nach der andern conferirt, sich aus einem
Dutzend politischer Processe herausgewickelt, eine höchst ausgebreitete
Correspondenz geführt, den Allgemeinen Deutschen Arbeiterverein ge=
gründet und dessen Verwaltungsangelegenheiten geordnet." — „Briefe
von Ferdinand Lassalle an Karl Rodbertus Jagetzow. Mit einer Ein=
leitung herausgegeben von Adolf Wagner"; Berlin, Puttkammer u.
Mühlbrecht, 1878. Franz Mehring, „Die deutsche Socialdemokratie.
Ihre Geschichte und ihre Lehre. Eine historisch=kritische Darstellung";
Bremen, Schünemann, 1877.

die Masse der Arbeiter am fremden Kapital wird durch
einen Lohnbetrag abgefunden, der das Minimum des Unter=
haltsbedürfnisses des Arbeiters zur Untergrenze hat und im
übrigen durch die Nachfrage nach Arbeitskräften seitens der
Unternehmer und das Angebot von Arbeit seitens der Arbei=
ter, die meist gar keinen Rückhalt in eigenem Besitz haben,
festgestellt; die Lohnarbeiter stehen so als die wirthschaftlich
Schwächern den Kapitalisten, deren wirthschaftliche Stärke eben
im Besitz besteht, gegenüber. Daher ist der Arbeiter in der
Regel nur im Stande, sich ein Einkommen zu verschaffen,
welches in keinem gerechten Verhältniß zu der von ihm
aufgewendeten Anstrengung steht, wenn man denjenigen Theil
damit vergleicht, den sich die Unternehmer am Ertrage der
Production vermöge ihres Eigenthumsrechts sichern können.
Es herrscht hier jenes „eherne Lohngesetz", das einer der
Hauptvertreter der Freihandelstheorie, David Ricardo, als
ein Naturgesetz der Volkswirthschaft unter voller Zustimmung
der herrschenden nationalökonomischen Schule entwickelt hat,
wonach der Arbeitslohn stets um den „nothwendigen" Arbeits=
lohn, d. h. das „gewohnheitsmäßige Unterhaltsminimum"
der Arbeiter schwankt und sich auf die Dauer gar nicht
darüber erheben kann, weil ein Steigen des Lohns ein ver=
mehrtes Angebot an Arbeitskräften zur Folge haben wird.
Dieses sogenannte Naturgesetz unserer Volkswirthe ist auch
in der That ganz unumstößlich, solange die gegenwärtigen
Voraussetzungen dafür fortdauern, d. h. solange die gegen=
wärtige Lohnform besteht und die Arbeiter nicht durch cor=
porativen Zusammenschluß sich von der Herrschaft der Kapi=
talisten befreien und eine andere Productionsweise einführen.
Daß dieser Proceß durch die eigene Initiative der Arbeiter

eingeleitet werden muß, ist selbstverständlich, da die gegenwärtig herrschenden Klassen eine Aenderung der Productionsweise nicht wünschen können und also auch nicht die Hand dazu bieten werden. Daß die Arbeiter ein Recht auf diese Reform haben, kann keinem Zweifel unterliegen, da nicht die ökonomische Herrschaft eines Theiles der Gesellschaft über den andern, sondern die Durchführung der Freiheit und Gleichheit auf allen Gebieten in der Idee der modernen Gesellschaft liegt. Es gilt also, jene Voraussetzungen zu beseitigen, welche die ungünstige und der Gerechtigkeit widersprechende Lage des Arbeiterstandes zur Folge haben. Wie kann dies geschehen? Wie kann man dem Arbeiter einen größern Antheil am Productionsertrage, oder besser den ganzen Productionsertrag zuweisen? Am radicalsten dadurch, daß man die gegenwärtige Lohnform ganz abschafft und den Arbeiter zugleich zum Unternehmer macht. Dann muß ihm auch die Quote des Productionsertrages zufallen, die sich jetzt der Kapitalist kraft seines Eigenthumsrechts aneignet. Die wirthschaftliche Form, in welcher dies geschehen kann, ist aber durchaus nicht erst mühsam aufzusuchen und zu erproben, sondern sie ist bereits bekannt und, wenn auch nur hier und da und im kleinen, mit Erfolg angewandt; es ist nämlich die Productivassociation, bei welcher sich eine Anzahl Arbeiter desselben Gewerbes zusammenthut, um unter Leitung selbstgewählter Vertreter auf eigene Rechnung in genossenschaftlicher Arbeit ein Geschäft zu betreiben und den Ertrag desselben nach von ihnen selbst festgesetzten Regeln unter sich zu theilen. Solche Associationen würden zunächst in denjenigen Industriezweigen einzurichten sein, welche sich durch ihre Natur, indem sie verhältnißmäßig die stärkste

Arbeiterzahl beschäftigen, dazu am meisten eignen. Sie würden zu beginnen haben in solchen Districten und Localitäten, welche durch die Art ihrer Gewerbsthätigkeit, durch die Dichtigkeit ihrer Bevölkerung sowie durch die freiwillige Disposition derselben zur Association sich eignen. Sie würden, sobald erst eine Anzahl solcher Associationen besteht, immer spielender und leichter für alle andern Gewerbszweige und Localitäten einzuführen sein, und allmählich und im Laufe der Zeit würden dieselben den ganzen Arbeiterstand umfassen. Sie können dann Verbände unter sich errichten, um an Stelle der jetzigen planlosen und kraftvergeudenden Wirthschaftsweise, wo jeder darauf los producirt, ohne sich um den andern zu kümmern, und wo zwar in den einzelnen Unternehmungen eine knappe Ordnung und zweckmäßige Arbeitstheilung herrscht, im Ganzen der Volkswirthschaft aber kolossale Verschwendungen und fortwährende Verluste vorkommen, eine planmäßigere und sparsamere Wirthschaftsweise zu errichten. Sie können durch Creditverbände und Assecuranzverbände sich größere Hülfsmittel verschaffen und das geschäftliche Risico untereinander vertheilen. Diese Organisation ins Werk zu setzen, dazu ist nun freilich keine Aussicht, wenn die Arbeiter auf sich, auf ihre wirthschaftlichen Kräfte allein angewiesen bleiben. Zu jeder Unternehmung gehört Kapital, und das haben die Arbeiter eben nicht. Sie darauf anweisen, daß sie dies durch allmähliche Ersparnisse von ihrem Arbeitslohn zusammenbringen sollen, hieße sie auf die Ewigkeit vertrösten, denn der Arbeiter ist nur in seltenen glücklichen Fällen in der Lage, eine nennenswerthe Summe zu sparen. Zu vielen Arten der Unternehmung gehören aber Summen, die der Arbeiter auch im glücklichsten Falle nicht aufbringen kann. Auf dem gewöhnlichen Wege des Credits Kapital zu erhalten, kann er gleichfalls nicht hoffen, denn unsere Creditinstitute, von Kapitalisten gegründet und für Kapitalisten arbeitend, werden die Hand zur Gründung solcher Associationen nicht bieten. Die (Schulze=Delitzsch'schen) Creditvereine auf sogenannter Selbsthülfe sind für den eigentlichen Arbeiter ganz unbrauchbar, da ein Verein von lauter eigenthumslosen Leuten, also eine Summe wirthschaftlicher Nullen, unmöglich dazu angethan ist, das nöthige Kapital zusammenzubringen; und mit der Hülfe einzelner Menschenfreunde kann man bei großen Organisationen nicht rechnen. Woher können also die Mittel kommen? Offenbar nur von derjenigen wirthschaftlichen Macht, welche verpflichtet ist, die Interessen der Gesammtheit wahrzunehmen, also von dem Staate. Das ist ja gerade die Aufgabe und Bestimmung des Staats, die großen Culturfortschritte der Menschheit zu erleichtern und zu vermitteln. Dies ist sein Beruf, dazu existirt er; er hat immer dazu gedient und dienen müssen. Von jeher sind nur durch Intervention des Staats die großen wirthschaftlichen Fortschritte zu Stande gekommen; der Staat hat eintreten müssen bei der Anlage von Kanälen, Chausseen, Posten, Packetbootlinien, Telegraphen, Landrentenbanken, bei landwirthschaftlichen Verbesserungen, Einführung von neuen Fabrikationszweigen, Eisenbahnbauten; bei welchen letztern sogar der Staat durch Zinsgarantien die Unternehmer vor Verlusten sichergestellt auf Kosten der gesammten Steuerzahler, die Gewinste hingegen den Actionären überlassen hat. Und so groß nun auch die durch solche und andere mit Staatshülfe eingeführten Verbesserungen sein mögen, sie sinken zu verschwindenden Punkten zusammen gegenüber jenem gewaltigsten Culturfortschritt, der durch die Association der arbeitenden Klassen vollbracht würde. Denn was nützen alle aufgespeicherten Reichthümer, was nützt der sogenannte Nationalreichthum, wenn er immer nur für eine kleine Minderheit vorhanden ist, und die Mehrheit der Tantalus bleibt, der nach den goldenen Früchten vergeblich greift, in diesem Falle noch dazu nach Früchten, die er selbst mit saurer Anstrengung geschaffen hat? Wenn je die Staatshülfe berechtigt war, so würde also dieser gewaltigste Culturfortschritt von allen, welche die Geschichte kennt, ein hülfreiches Eingreifen des Staats rechtfertigen. Und deshalb ist es Sache und Aufgabe des Staats, den Arbeitern dies zu ermöglichen, die große Angelegenheit der freien individuellen Association des Arbeiterstandes fördernd und entwickelnd in die Hand zu nehmen und es zu seiner allerheiligsten Pflicht zu machen, ihnen die Mittel und Möglichkeit zu dieser Selbstorganisation zu bieten. Und zwar kann er dies einfach und ohne bedeutende Opfer dadurch, daß er den Arbeitern seinen Credit zur Disposition stellt und durch Kapitalvorschüsse die Gründung solcher Productivassociationen ermöglicht, wobei er sich zur Wahrung seines Interesses die Genehmigung der Statuten und eine Controle über die Geschäftsführung ausbedingen kann. Das ist also Pflicht des Staats gegen die Arbeiter. Wird er aber diese Pflicht erfüllen? Solange die Regierung in den Händen der Besitzenden bleibt, gewiß nicht. Was haben also die Arbeiter zu thun? Sie müssen sich Einfluß auf die Regierung verschaffen. Und wie können sie dies thun? Sie müssen begreifen, daß die Interessen aller Lohnarbeiter den besitzenden Klassen gegenüber identisch sind, daß sie sich also fest zusammenschließen müssen zu einer großen socialen Partei, welche auf das vorgesteckte Ziel gemeinsam hinarbeitet, und welcher die Besitzenden nicht werden widerstehen können, wenn sie einig und fest bleibt. Und das nächste Ziel ist also die Gewinnung politischer Macht, um diese für die sociale Reform zu verwerthen, und das allernächste ist die Erringung des allgemeinen gleichen und directen Wahlrechts, um Vertreter der Arbeiterklasse in die Parlamente zu bringen, wo sie die Forderungen der Arbeiter geltend machen und die Regierungen zu deren Erfüllung zwingen sollen. — Das war das Programm Lassalle's.

Wie man sieht, ist seine Grundidee wol in der Form, nicht aber in ihrem Kern verschieden von der früher (Abschnitt II) entwickelten Louis Blanc's; es ist eben die social-demokratische Idee, welche den Arbeiterstand, wie er durch die moderne Volkswirthschaft geschaffen ist, als sociale Klasse aufruft, sich die politische Macht zu verschaffen, um eine Reform der Volkswirthschaft herbeizuführen. — Die parteibildende Idee der Opposition konnte nach der gegenwärtigen Sachlage gar nicht anders lauten; alles übrige, was daran hängt, ist nebensächlich. — Es leuchtet auch sofort ein, wie sehr diese Formulirung geeignet war, die Fahne zu werden, um welche sich die Lohnarbeiter scharen konnten; ein Parteiprogramm zu bilden, welches auch der gewaltsamer Durchführung der Forderungen durchaus abgeneigte und reformatorisch gesinnte Arbeiter zur Hebung der mannichfachen Mißstände seiner Lage zu dem seinigen machen konnte.

Was von der andern Seite an theoretischer Widerlegung geleistet wurde, war auch nicht gerade dazu angethan, die Arbeiter von der Unrichtigkeit jener Ideen zu überzeugen.

Man stellte dem von Lassalle aufgestellten Princip der „Staats=
hülfe" dasjenige der „Selbsthülfe" gegenüber und erklärte
dieses als das einzig vernünftige und des freien Mannes
würdige, während die Staatshülfe theils einem längst über=
wundenen wirthschaftlichen und wissenschaftlichen Standpunkte
angehöre, theils in ihrer neuerdings empfohlenen Form
durch das Verunglücken der socialistischen Experimente längst
widerlegt sei. In letzterer Beziehung wies man namentlich
mit Vorliebe auf die „Nationalwerkstätten", welche in der
Februarrevolution von 1848 in Paris eine Rolle spielten,
als glänzendste Widerlegung des Socialismus hin. Man
mußte aber in That mit dem Wesen und der Leitung dieser
sogenannten Nationalwerkstätten vollkommen unbekannt sein,
um sie als eine Waffe gegen socialistische Ideologien ge=
brauchen zu wollen.*)

Die socialpolitische Wirksamkeit der „Selbsthülfe" konnte
man damals sehr wohl noch überschätzen, und that das auch;
daß man die „Staatshülfe" als etwas Verwerfliches ansah,
wird uns nach der vorausgegangenen Darstellung sehr er=
klärlich, ja selbstverständlich erscheinen. Indeß konnte dies
doch eben nur vom Boden der liberalen Anschauung aus
geschehen, von demjenigen aber, der diese verlassen hatte,
konnte man nicht erwarten, daß er noch von dieser einzelnen
Consequenz sich überzeugen lassen werde; zumal man ja doch
sah, daß in der Praxis die wirthschaftliche Staatshülfe,
z. B. beim Eisenbahnbau, vielfach geübt und gebilligt wurde.

---

*) Die Geschichte der ateliers nationaux bei Lorenz Stein: „Das
Königthum, die Republik und die Souveränetät der französischen Ge=
sellschaft" — dritter Theil seiner „Geschichte des Socialismus und Com=
munismus in Frankreich"; 2. Ausg. Leipzig, Wigand, 1855. S. 256 fg.

Daß sich Lassalle's agitatorische Formulirung zunächst an die industriellen, städtischen Arbeiter wendete, war sehr natürlich; denn hier fanden sich geschlossene Massen vor, Leute von beweglichem Geist und reizbarer Phantasie, bei denen das Grundübel des modernen Lohnarbeiterstandes — die Unsicherheit der Existenz und der Mangel an Aussicht auf wirthsaftliche Selbständigkeit — am offensten hervortraten. Die zerstreut wohnenden Arbeiter auf dem Lande, wo altes Herkommen die Unterordnungsverhältnisse fester hielt, die gesündere und weniger einförmige Beschäftigung, die Möglichkeit des Eigenthumserwerbs an einem Stückchen Grund und Boden, die Lage hoffnungsvoller erscheinen ließen, konnten als geeignetes erstes Angriffsobject nicht gelten. Man glaubte ja auch längere Zeit die ländliche Arbeiterbevölkerung den socialistischen Agitationen unzugänglich, die wesentliche Interessengleichheit der gesammten Lohnarbeiterklasse unterschätzend. Seitdem ist durch mannichfache beunruhigende Erscheinungen: die starke Auswanderung, das Hindrängen nach den Städten, das Auftreten der Socialdemokratie unter denselben auch hinsichtlich dieser Kreise die sociale Sorge erwacht.

Man hat gesagt, daß Lassalle die Gedanken seiner Lehre ebenso viel wie von Louis Blanc von Karl Marx entnommen habe. Daß seine Haupt- und Grundgedanken mit denen von Louis Blanc übereinstimmen, haben wir gesehen. Von Marx stammt aber allerdings die nähere Begründung der Theorie vom kapitalistischen Ausbeutungssystem, aus welchem Lassalle die Nothwendigkeit der wirthschaftlichen Befreiung der arbeitenden Klassen herleitet. Marx hatte diese Theorie bereits in seiner 1859 erschienenen Schrift: „Zur

Kritik der politischen Oekonomie", dargelegt und sie dann in seinem Werke über „Das Kapital"*) weiter ausgeführt.

Die Gedanken der Marx'schen Arbeit, welche unbestritten zu dem Bedeutendsten gehört, was in neuerer Zeit auf dem Gebiete der politischen Oekonomie geschrieben worden ist, sich aber ihrer schwerfälligen Form der Lektüre eines nicht sehr geduldigen Lesers entzieht, lassen sich, soweit sie hier in Betracht kommen, ganz kurz etwa dahin zusammenfassen:

Marx sucht nachzuweisen, wie das Kapital nur dadurch entstehe und sich vermehre, daß es den möglich größten Theil des Arbeitsproducts in sich aufsauge vermöge der heutigen Productionsweise. Das Kapital selbst setze dem Product gar keinen Werth zu, sondern nur die Arbeit schaffe den Werth, und damit auch Mehrwerth, durch dessen Aneignung der Kapitalist sich nährt. Wenn also z. B. ein Arbeiter in einer bestimmten Zeit den Werth von 10 Mark schafft, und der ihn beschäftigende Kapitalist ihm den Werth seines ganzen Arbeitsproducts — abgesehen vom Werth des Materials — als Lohn zahlen wollte, so würde derselbe nichts für sich übrig behalten. Er muß und wird ihm mithin weniger zahlen, und je weniger er ihm zahlt, je mehr der Lohn herabgedrückt wird, desto mehr behält der Kapitalist für sich und desto rascher wächst das Kapital. Als Mittel der Mehrwerth-Aufsaugung dient aber nicht nur der unmittelbare Druck auf den Arbeitslohn, sondern auch die extensive und intensive Ausnutzung des Arbeitstages. Dieser nämlich kommt deswegen in Betracht,

---

*) Das Kapital, Kritik der politischen Oekonomie. I. Der Productionsproceß des Kapitals, 2. Aufl.; Hamburg, Meißner, 1872.

weil das Kapital desto mehr gewinnt, je länger der Arbeits=
tag ist, resp. je intensiver die Arbeitskraft innerhalb vier=
undzwanzig Stunden ausgenutzt wird und zwar deswegen,
weil der Arbeitslohn nicht im inneren Zusammenhange mit
dem Werthe der Leistung der Arbeit steht — im Accord=
lohn ist ein solcher Zusammenhang nur scheinbar, ganz äußer=
lich und willkürlich hergestellt —, sondern sich auf die Dauer
nach dem nothwendigen Tagesunterhalt des Arbeiters richtet
(Ricardo'sche Lohntheorie). Je intensiver also der Kapitalist
die Kraft des Arbeiters in der Zeit, für welche er ihm
seinen Lebensunterhalt zahlt, ausbeutet, je mehr er den
Werth des Arbeitstages und der Arbeitsleistung durch Bei=
stellung von Maschinen, durch strenge Disciplin und An=
spornungsmittel steigert, desto mehr „Mehrwerth" saugt er
auf, und desto rascher geht die Anhäufung des Kapitals
vor sich.

So ist, nach Marx, das Verhältniß von Kapital und
Arbeit in der heutigen Productionsweise. Einen andern
für die heutige Socialdemokratie bedeutsamen Theil seiner
Lehre: seine Begründung des Communismus, werden wir
nachher noch beleuchten müssen.

Aus der Adoption dieser Ausbeutungstheorie und Sonsti=
gem, was Lassalle über den geschichtlichen Charakter des Kapi=
tals, über den Zusammenhang von Productionsverhältnissen
und Productionsweise u. s. w. von Marx entlehnt hat — daß
es ohne Quellenangabe geschehen sei, führt Marx mit der
entschuldigenden Bemerkung an, daß Lassalle zu diesem Ver=
fahren wol durch Propagandarücksichten bestimmt worden
sei —, folgen aber, wie ersichtlich, keineswegs die praktischen
Vorschläge Lassalle's, und Marx spricht auch ausdrücklich

aus, daß er mit den Nutzanwendungen seines Schülers durchaus nichts zu thun haben wolle. Lassalle bleibt also sowol gegenüber Louis Blanc als Karl Marx die Originalität der wirksamen, parteibildenden Formulirung des socialdemokratischen Gedankens, und so war es denn sein Werk, daß nun — zunächst in Form des Allgemeinen Deutschen Arbeitervereins — auch in Deutschland die Arbeiter sich zum socialen Kampfe zu organisiren begannen.

Die äußere Geschichte wollen wir bei der Lassalle'schen Bewegung*) ebenso wenig näher verfolgen, wie wir es bei den andern socialpolitischen Parteien und Richtungen gethan haben.

Wie groß die Fortschritte derselben seit dem Auftreten Lassalle's und der Gründung des Allgemeinen Deutschen Arbeitervereins im Mai 1863 waren, ist allgemein bekannt. Allerdings hatte Lassalle selbst, trotz der rastlosen Agitation und großer Geldopfer, dem Verein keine bedeutende Mitgliederzahl zuzuführen vermocht, sodaß dieselbe zur Zeit seines Todes, im August 1864, 3000 Mitglieder nicht überstieg; und bis zum Jahre 1867 schien unter verschiedenen Vereinspräsidenten und bei mannichfachen Zwistigkeiten die Existenz der socialdemokratischen Partei, soweit sie sich in jenem Verein manifestirte, ebenso fraglich wie die ihres Parteiorgans, des „Social=Demokrat". Dann aber stellte das Organisationstalent des damals zum Präsidenten des Allgemeinen Deutschen Arbeitervereins gewählten und bis 1871 in dieser Stelle verbliebenen Hrn. von Schweitzer Einigkeit und einen neuen Aufschwung der Partei her; und

---

*) Vgl. dafür die citirte Schrift von F. Mehring.

zugleich trat die politische Entwickelung der socialistischen Partei dadurch in ein neues Stadium, daß inzwischen das allgemeine Stimmrecht für den Norddeutschen Reichstag eingeführt worden war, sodaß es bereits in demselben Jahre gelang, durch die Wahl socialdemokratischer Parteiführer in dieses Parlament den Wünschen der Arbeiter in der höchsten gesetzgebenden Körperschaft öffentlichen Ausdruck zu geben.

Bekannt ist ferner, daß im Jahre 1869 auf einem Congreß zu Eisenach sich von den am Lassalle'schen Programm streng festhaltenden Socialdemokraten eine andere Fraction lostrennte, die unter der Führung des Drechslermeisters Bebel und des Literaten Liebknecht eine abweichende Organisation und modificirte Principien annahm. Dem Organ der Lassalleaner, dem in Berlin erscheinenden „Neuen Socialdemokrat" wurde der „Volksstaat" in Leipzig gegenübergestellt; während die Lassalleaner eine centralisirte Verfassung hatten, wurde diese Fraction nicht durch einen Präsidenten, sondern einen Ausschuß und eine Controlcommission geleitet; während jene vom nationalen Boden ausgingen und auf die friedliche Erstrebung der socialen Ziele durch politische Reformen hindrängten, stellten diese sich auf einen internationalen socialen und demokratischen Standpunkt und betonten die Nothwendigkeit energischen Kampfes, wenn auch nicht gewaltsamer Umwälzung. Diese „Eisenacher Ehrlichen" drückten den socialdemokratischen Gedanken also allgemeiner und schroffer aus, sie stellten eine fortgeschrittenere Fraction dar; indessen eigentliche grundsätzliche Unterschiede zwischen ihnen und den Lassalleanern fanden nicht statt. Ob diese etwas mehr Gewicht auf Productivgenossenschaften mit Staatscredit legten wie jene, welche diese Forderung in den letzten Paragraphen ihrer Statuten stellten; ob jene den freien Volksstaat mit directer Gesetzgebung durch das Volk (Referendum) als politisches Ziel etwas mehr in den Vordergrund schoben als diese; ob sie etwas mehr Gewicht legten auf die Organisation des Widerstandes gegen das Kapital durch Gewerkschaften; ob jene sich auch äußerlich der Internationale anschlossen, die Lassalleaner nicht — das machte keinen Unterschied zwischen Socialdemokraten und Socialdemokraten.

Im Jahre 1875 vollzog sich dann auf einem Congresse zu Gotha die Wiedervereinigung der beiden Fractionen durch Annahme eines gemeinsamen Programms der Socialdemokratie Deutschlands, für welche 1876 der zum „Vorwärts" umgewandelte leipziger „Volksstaat" als politisches Organ bestellt wurde. *) Das Programm der deutschen Socialdemokraten lautet demnach jetzt folgendermaßen:

---

*) Die socialdemokratische Richtung war am 1. April 1878 in Deutschland durch 12 täglich erscheinende Zeitungen vertreten; außerdem durch 35 periodische Zeitschriften, die meist wöchentlich zwei- oder mehreremal erscheinen. Unter denselben befindet sich die Socialistische Revue: „Die Zukunft" zweimal monatlich, und ein Unterhaltungsblatt „Die Neue Welt", eine socialdemokratische „Gartenlaube". Zu ihnen ist ferner zu rechnen „Die Neue Gesellschaft", Monatsschrift, in Zürich erscheinend; und in nahe verwandter Richtung die Wochenschrift von Guido Weiß „Die Waage". Außerdem erscheinen in der Schweiz, Oesterreich-Ungarn und Nordamerika 12 Zeitungen, bezw. Wochenschriften dieser Richtung in deutscher Sprache, und ferner gibt es in Deutschland jetzt 14 Organe (meist Wochenschriften) von socialdemokratischen Gewerkvereinen (Gewerkschaften). Macht zusammen 75 socialdemokratische Organe in deutscher Sprache. S. das Verzeichniß z. B. im „Vorwärts" Nr. 37 vom 29. März 1878.

„I. Die Arbeit ist die Quelle alles Reichthums und aller Cultur, und da allgemein nutzbringende Arbeit nur durch die Gesellschaft möglich ist, so gehört der Gesellschaft, das heißt allen ihren Gliedern, das gesammte Arbeitsproduct, bei allgemeiner Arbeitspflicht, nach gleichem Recht, jedem nach seinen vernunftgemäßen Bedürfnissen.

In der heutigen Gesellschaft sind die Arbeitsmittel Monopol der Kapitalistenklasse; die hierdurch bedingte Abhängigkeit der Arbeiterklasse ist die Ursache des Elends und der Knechtschaft in allen Formen.

Die Befreiung der Arbeit erfordert die Verwandlung der Arbeitsmittel in Gemeingut der Gesellschaft und die genossenschaftliche Regelung der Gesammtarbeit mit gemeinnütziger Verwendung und gerechter Vertheilung des Arbeitsertrages.

Die Befreiung der Arbeit muß das Werk der Arbeiterklasse sein, der gegenüber alle andern Klassen nur eine reactionäre Masse sind.

II. Von diesen Grundsätzen ausgehend, erstrebt die socialistische Arbeiterpartei Deutschlands mit allen gesetzlichen Mitteln den freien Staat und die socialistische Gesellschaft, die Zerbrechung des ehernen Lohngesetzes durch Abschaffung des Systems der Lohnarbeit, die Aufhebung der Ausbeutung in jeder Gestalt, die Beseitigung aller socialen und politischen Ungleichheit.

Die socialistische Arbeiterpartei Deutschlands, obgleich zunächst im nationalen Rahmen wirkend, ist sich des internationalen Charakters der Arbeiterbewegung bewußt und entschlossen, alle Pflichten, welche derselbe den Arbeitern auferlegt, zu erfüllen, um die Verbrüderung aller Menschen zur Wahrheit zu machen.

Die socialistische Arbeiterpartei Deutschlands fordert, um die Lösung der socialen Frage anzubahnen, die Errichtung von socialistischen Productivgenossenschaften mit Staatshülfe unter der demokratischen Controle des arbeitenden Volkes. Die Productivgenossenschaften sind für Industrie und Ackerbau in solchem Umfange ins Leben zu rufen, daß aus ihnen die socialistische Organisation der Gesammtarbeit entsteht.

Die socialistische Arbeiterpartei Deutschlands fordert als Grundlagen des Staats:

1) Allgemeines, gleiches, directes Wahl- und Stimmrecht mit geheimer und obligatorischer Stimmabgabe aller Staatsangehörigen vom zwanzigsten Lebensjahre an für alle Wahlen und Abstimmungen in Staat und Gemeinde. Der Wahl- oder Abstimmungstag muß ein Sonntag oder Feiertag sein.

2) Directe Gesetzgebung durch das Volk. Entscheidung über Krieg und Frieden durch das Volk.

3) Allgemeine Wehrhaftigkeit. Volkswehr an Stelle der stehenden Heere.

4) Abschaffung aller Ausnahmegesetze, namentlich der Preß-, Vereins- und Versammlungsgesetze; überhaupt aller Gesetze, welche die freie Meinungsäußerung, das freie Denken und Forschen beschränken.

5) Rechtsprechung durch das Volk. Unentgeltliche Rechtspflege.

6) Allgemeine und gleiche Volkserziehung durch den Staat. Allgemeine Schulpflicht. Unentgeltlicher Unterricht in allen Bildungsanstalten. Erklärung der Religion zur Privatsache.

Die socialistische Arbeiterpartei Deutschlands fordert innerhalb der heutigen Gesellschaft:

1) Möglichste Ausdehnung der politischen Rechte und Freiheiten im Sinne der obigen Forderungen.

2) Eine einzige progressive Einkommensteuer für Staat und Gemeinde, anstatt aller bestehenden, insbesondere der das Volk belastenden indirecten Steuern.

3) Unbeschränktes Coalitionsrecht.

4) Ein den Gesellschaftsbedürfnissen entsprechender Normalarbeitstag. Verbot der Sonntagsarbeit.

5) Verbot der Kinderarbeit und aller die Gesundheit und Sittlichkeit schädigenden Frauenarbeit.

6) Schutzgesetze für Leben und Gesundheit der Arbeiter. Sanitätliche Controle der Arbeiterwohnungen. Ueberwachung der Bergwerke, der Fabrik-, Werkstatt- und Hausindustrie durch von den Arbeitern gewählte Beamte. Ein wirksames Haftpflichtgesetz.

7) Regelung der Gefängnißarbeit.

8) Volle Selbstverwaltung für alle Arbeiterhülfs- und Unterstützungskassen."

Ehe wir jedoch in die Betrachtung dieses Programms eintreten, erscheint es angezeigt, die für die Entwickelung des Socialismus wichtigen Strömungen, welche sich innerhalb desselben geltend machten und ihre Spuren in dem vorliegenden 1875er Programm zurückgelassen haben, zu betrachten; wir meinen die internationale und die communistische Richtung.

Zuerst die Internationale. Die Internationalität ist hierbei unter der selbstverständlichen Beschränkung zu nehmen, daß es sich nur um die Gemeinsamkeit der Bewegung innerhalb des Culturkreises der modernen Gesellschaft handelt, wo die Gleichartigkeit der socialen und wirthschaftlichen Bedingungen zu gleichen Strebungen führen konnte; das beschränkt sie also auf die germanischen und romanischen Völker Europas und der Neuen Welt. Der slawisch-russische Culturkreis bietet schon so abweichende Bedingungen — es sei nur beispielsweise an den dort weit verbreiteten Agrar-Communismus erinnert —, daß keine eigentliche Gemeinsamkeit der Bewegung stattfinden kann, soweit dieselbe eine reale Basis hat und nicht in bloßer allgemeiner Verneinung, im Nihilismus besteht, der allerdings keiner bestimmten Staats- oder Gesellschaftsform bedarf, weil das Ruiniren auf alle anwendbar ist.

Der Gedanke einer internationalen Verbindung der Arbeiter dieser Länder, in denen gleichartige Verhältnisse gleichartige socialpolitische Richtungen, natürlich auch unter den Lohnarbeitern, hervorgerufen hatten, lag sozusagen in der Luft und bedurfte nur eines geringen Anstoßes zur Realisirung.

Der Freihandel in Verbindung mit den neuen Verkehrsmitteln hatte die Schranken zwischen den Nationen niedergerissen, Handel und Gewerbthätigkeit der einen Nation waren in engen Zusammenhang mit denen der andern getreten, die wirthschaftlichen Zustände der miteinander concurrirenden Culturländer wurden immer enger miteinander verknüpft und voneinander abhängig, und das Arbeitsrecht wie die Lage der arbeitenden Klasse waren in diesen Ländern den Grundzügen nach dieselben. Es wurde demzufolge schwer, in dieser Beziehung in einem der Länder bedeutende Veränderungen vorzunehmen, Reformen anzustreben, ohne auf die Concurrenz- und sonstigen Verhältnisse in den andern Ländern Rücksicht zu nehmen. Allerdings für Reformen, welche sich in den Schranken z. B. einer englischen Fabrikgesetzgebung hielten, war dies nicht nöthig; denn die Erfahrung zeigte, daß dergleichen sehr wohl durchgesetzt werden konnte, ohne die industrielle Stärke des Landes zu vermindern, und bekanntlich weisen auch andere wirthschaftlich wichtige Factoren, z. B. die Zölle, Arbeitslöhne, Arbeitsgeschicklichkeit, natürliche Vortheile, in den verschiedenen Ländern und Gegenden, die miteinander in Verbindung stehen oder sogar auf demselben Markt verkaufen, so erhebliche Unterschiede auf, daß das selbstständige Vorgehen des einen Landes mit wirthschaftlichen Umgestaltungen in ziemlich weitem Umfange ohne Bedenken stattfinden darf. Indeß abgesehen davon, daß bei den stets sich verengernden Beziehungen eine internationale Verständigung in wirthschaftlichen Dingen immerhin wünschenswerth erscheint, handelte es sich bei den socialdemokratischen Arbeitern ja nicht um geringfügige Reformen, sondern um großartige Veränderungen der ganzen Productionsweise zu Gunsten der Arbeiter. Um solchen Reformen die praktische Durchführbarkeit zu sichern und zugleich den Forderungen einen kräftigern Nachdruck zu geben, lag der Gedanke sehr nahe, die nach gleichen Zielen strebenden Arbeiter aller Länder in eine Verbindung für gemeinschaftliche Agitation zu setzen. Wie sollte auch den Arbeitern dieser Gedanke lange fern bleiben? War doch die Solidarität der wirthschaftlichen Interessen der Nationen zu evident, war doch das Kapital selbst von den Nationalökonomen längst für kosmopolitisch erklärt — warum nicht auch die Arbeit?; schloß doch eine internationale Verbindung an sich noch durchaus nicht eine Vernachlässigung der vaterländischen Interessen ein, und selbst wenn die Arbeiter erklärten, daß ihnen vor allem ihr Klassenwohl am Herzen läge und der nationale Standpunkt ein untergeordneter sei, so gingen sie darin keineswegs weiter als die modernen Kapitalisten, welche kaum noch Bedenken tragen, eine mit ihrem Vaterlande Krieg führende Macht mit ihrem Gelde, dem kosmopolitischen Wirthschaftsinstrument, zu unterstützen.

Es kann uns daher nicht wundernehmen, daß eine der ersten großartigen Manifestationen der wirthschaftlichen Solidarität aller Länder, die internationale Industrieausstellung zu London im Jahre 1862, von den Arbeitern dazu benutzt wurde, eine Verständigung der Arbeiter aller Länder anzubahnen. Hier wurden die ersten Verbindungen zwischen englischen und französischen Arbeitern angeknüpft, welche letztern überrascht waren, ihre dortigen Standesgenossen vielfach in höherer Lebenshaltung und in den Gewerkvereinen mit festen Organisationen versehen zu finden, deren allgemeine Verbreitung ihnen sehr geeignet scheinen mußte, den Bestrebungen ihrer Klasse überall Nachdruck zu geben. Das londoner Polenmeeting von 1863, bei welchem unter Führung des Ciseleurs Tolain eine französische Arbeiterdeputation erschien, gab Gelegenheit, die im Vorjahre angeknüpften Beziehungen persönlich fortzusetzen, revolutionäre Ideen mit den Flüchtlingen aller Nationen auszutauschen und weitere Vorbereitungen für die Gründung eines internationalen Arbeiterbundes zu treffen, welche dann am 28. September 1864 zu Saint-Martins-Hall in London erfolgte. Der Vorsitzende des Comité, welches die dortige Versammlung, bestehend aus englischen und einigen französischen Arbeitern und politischen Flüchtlingen verschiedener Nationen, gewählt hatte, wurde der Schuhmacher Odger; Deutschland war darin durch den Schneider Eccarius und durch Karl Marx vertreten. Am 1. November 1864 legte der letztere dem durch Selbstergänzung verstärkten Comité, das auch correspondirende Secretäre für die verschiedenen Länder ernannt hatte, eine Gründungsadresse vor, die mit den Worten eines von ihm schon 1847 zu Brüssel verfaßten communistischen Manifestes schloß: „Proletarier aller Länder, vereinigt euch!" Die Statuten, welche vom ersten Congreß zu Genf 1866 angenommen worden sind, lauten folgendermaßen:

„In Anbetracht, daß die Befreiung der arbeitenden Klasse durch die Arbeiter selbst bewerkstelligt werden muß; daß die Anstrengungen der Arbeiter für ihre Befreiung nicht auf die Schöpfung neuer Privilegien, sondern auf die Herstellung gleicher Rechte und Pflichten für alle und die Beseitigung aller Klassenherrschaft hinauslaufen müssen; daß die wirthschaftliche Unterwerfung des Arbeiters unter die Eigner der Rohstoffe und Arbeitsmittel die Quelle der Knechtschaft in allen ihren Formen ist: des gesellschaftlichen Elends, der geistigen Herabwürdigung, der politischen Knechtschaft; daß infolge dessen die wirthschaftliche Befreiung der arbeitenden Klassen der große Zweck ist, unter den sich jede politische Bewegung als Mittel unterordnen muß; daß alle Anstrengungen dafür bisjetzt vergeblich gewesen sind aus Mangel an Solidarität zwischen den Arbeitern der verschiedenen Gewerke und Länder und einer brüderlichen Vereinigung der Arbeiter der verschiedenen Staaten; daß die Befreiung der Arbeiter keine nur örtliche oder nationale Frage ist, sondern im Gegentheil diese Aufgabe alle civilisirten Völker angeht und ihre Lösung von ihrem theoretischen und prak=

tischen Zusammenwirken abhängt; daß die Bewegung, welche sich unter den Arbeitern der wirthschaftlich vorgeschrittensten Länder wieder geltend macht und neue Hoffnungen erweckt, eine feierliche Mahnung ist, nicht wieder in die alten Irrthümer zurückzufallen, sondern die jetzt noch zersplitterten Kräfte zu sammeln: — aus diesen Gründen erklärt die am 3. September 1866 abgehaltene Versammlung des Internationalen Arbeiterbundes, daß für diesen Bund sowie alle die Gesellschaften oder Personen, die sich ihm anschließen, Wahrheit, Gerechtigkeit, Sittlichkeit die Grundlage des Verhaltens gegen alle Menschen ohne Unterschied der Farbe, des Glaubens, der Nationalität sein sollen. Die Versammlung betrachtet es als ihre Pflicht, nicht nur für die Mitglieder des Bundes die Rechte des Menschen und Bürgers, sondern für jeden, der seine Pflicht erfüllt, zu fordern: Keine Pflichten ohne Rechte, keine Rechte ohne Pflichten.

In diesem Sinne hat die Versammlung endgültig folgende Statuten für den Internationalen Arbeiterbund angenommen:

Art. 1. Der Bund ist gestiftet, um einen Mittelpunkt für den Verkehr und das Zusammenwirken der Arbeiter aller Länder zu bilden, welche dasselbe Ziel verfolgen, nämlich: gegenseitige Unterstützung, den Fortschritt und die völlige Befreiung der Arbeiterklasse.

Art. 2. Der Name dieses Bundes ist: Internationaler Arbeiterbund.

Art. 3. Es wird ein Generalrath eingesetzt, der sich aus Arbeitern der am Internationalen Bunde betheiligten Nationen bildet. Er wird je nach den Bedürfnissen des Bundes in sich begreifen die Mitglieder des Vorstandes, als: den

Präsidenten, Generalsecretär, Kassirer und besondere Correspondenten für die verschiedenen Länder.

Jährlich wird die Versammlung den Sitz des Generalrathes und dessen Mitglieder bestimmen mit dem Rechte der Cooptation und wird den Ort für die nächste Zusammenkunft bezeichnen.

An dem für den Congreß bestimmten Zeitpunkt, und ohne daß eine besondere Einberufung nöthig wäre, werden die Delegirten am festgesetzten Tage und Orte kraft ihrer Vollmacht zusammentreten. Im Falle höherer Gewalt kann der Generalrath den Ort, nicht aber den Zeitpunkt des Zusammentritts ändern.

Art. 4. Dem jährlichen Congreß wird der Generalrath jedesmal einen Bericht über die Jahresarbeiten vorlegen. In dringenden Fällen kann er die Versammlung vor dem festgesetzten Termin berufen.

Art. 5. Der Generalrath wird Verbindungen mit den verschiedenen Arbeitervereinigungen anknüpfen, sodaß die Arbeiter jedes Landes fortlaufend von den Bestrebungen ihrer Klasse in den andern Ländern unterrichtet sind, damit eine gleichzeitige und in demselben Geiste geleitete Untersuchung über die sociale Lage der Klasse überall veranstaltet wird, damit die von einer Vereinigung auf die Tagesordnung gebrachten Fragen von allgemeinem Interesse von allen geprüft werden, und wenn ein praktischer Schritt oder eine internationale Schwierigkeit die Thätigkeit des Bundes fordert, dieser einheitlich handeln kann. Der Generalrath kann nach Gutbefinden von sich aus den örtlichen oder nationalen Vereinigungen Vorschläge unterbreiten.

Er wird ein Vereinsorgan herausgeben zur Erleichterung des Verkehrs mit den auswärtigen Verbandsvorständen.

Art. 6. Da der Erfolg der Arbeiterbewegung in den einzelnen Ländern nur kraft Vereinigung und Verbrüderung gesichert werden kann, da andererseits das Wirken des Generalrathes desto größer sein wird, je weniger seine Thätigkeit zersplittert ist, so werden die Mitglieder des Internationalen Bundes alle Anstrengungen machen, jeder in seinem Lande, um die verschiedenen Arbeitervereine in einen nationalen Bund zu vereinigen. Die Anwendung dieses Artikels geschieht unter Berücksichtigung der betreffenden Landesgesetze. Unbeschadet solcher gesetzlichen Hindernisse ist jeder Ortsverein zum directen Verkehr mit dem Generalrathe verpflichtet.

Art. 7. Jedes Mitglied des Internationalen Bundes wird beim Uebertritte in ein anderes Land die brüderliche Unterstützung der Bundesglieder erhalten. Kraft derselben hat er ein Anrecht auf Auskunft über die Gewerbsverhältnisse des betreffenden Ortes; auf Credit nach den für den betreffenden Verein geltenden Bestimmungen und unter Garantie des Vorstandes desselben.

Art. 8. Jeder, der die Grundsätze des Internationalen Bundes bekennt und vertritt, kann Mitglied werden; jedesmal unter Verantwortlichkeit des ihn aufnehmenden Vereins.

Art. 9. Jeder Verein (bureau) ernennt seine Correspondenten für den Generalrath selbständig.

Art. 10. Die einzelnen Arbeitervereinigungen, wenngleich zum brüderlichen Zusammenwirken verbunden, behalten ihre Selbständigkeit und die ihnen eigenthümlichen Grundlagen.

Art. 11. Alles was in den Statuten nicht vorgesehen

ist, wird durch Reglements festgestellt, welche der Revision durch den Congreß unterliegen."

Dies die Statuten. Folgt ein Reglement von 15 Paragraphen.*) Wie bekannt, wurden die folgenden Congresse, auf denen außer Organisationsfragen solche über Eigenthum, Erbschaften, Arbeitseinstellungen, Maschinenwesen u. s. w. zur Sprache kamen, 1867 zu Lausanne, 1868 zu Brüssel, 1869 zu Basel, 1872 im Haag abgehalten.

Auf diesem letztern aber trat eine Spaltung ein; im folgenden Jahre tagten zwei Congresse nebeneinander in Genf, und eine eigentliche Organisation des „Internationalen Arbeiterbundes" scheint seitdem nicht mehr zu bestehen.

Die Schicksale des Bundes selbst haben für uns hier gar kein Interesse; uns kümmert hier nur der Gedanke, welchem er zum Ausdruck verhelfen sollte, und dessen Verbreitung.

In dem internationalen Programm finden wir erstens den socialdemokratischen Grundgedanken, der die politische Macht nur als Mittel zur socialen Reform will, und zweitens die Betonung der Solidarität der Arbeiterinteressen in den verschiedenen Ländern, und drittens das Ziel der Arbeiter: die Abschaffung der Lohnarbeit, d. h. der Arbeit am fremden Kapital. Diese drei Ideen sind ganz allgemein hingestellt, ohne daß man aus dem Programm selbst Bestimmteres über die Art und Weise der Durchführung und die Gestaltung der zukünftigen Gesellschaft herauslesen

---

*) Fribourg, L'Association Internationale. Paris 1871. — O. Testut, L'Internationale. 7ᵉ éd. Paris 1871. — Villetard, Histoire de l'Internationale. Paris 1872. — M. B., Zur Geschichte der Internationale. Leipzig, Grunow, 1872. — Rud. Meyer, Emancipationskampf des vierten Standes. Berlin, Schindler, 1874. 2 Bde., passim.

könnte. Unzweifelhaft war die sehr allgemeine Fassung dieser Punkte deshalb gewählt, um den friedlichern wie den gewaltthätigern Elementen die Theilnahme am Bunde zu ermöglichen. Eine dem ausgesprochenen Zweck entsprechende Wirksamkeit desselben konnte erst dadurch erzielt werden, daß die Arbeiterschaften der verschiedenen Länder sich über bestimmte einzelne Punkte verständigten, auf die sie gleichzeitig ihre Action richten wollten, und damit einerseits durch Einigkeit stärker wurden, andererseits aber die Gesetzgeber der einzelnen Länder der Entschuldigung beraubten, es könne diese und jene Maßregel aus Rücksicht auf die internationale Concurrenz nicht durchgeführt werden. Der praktischen Ausführung dieses Vorhabens im friedlichen, reformatorischen Sinne hätte sich die Berechtigung in gewissen Grenzen nicht absprechen lassen, weil eben in der That zwar nicht die Productionsbedingungen im einzelnen, aber die socialen und wirthschaftlichen Verhältnisse im allgemeinen in den Ländern unsers Culturkreises gleichartige sind, und Reformen von dem Umfange, wie ihn die Socialdemokraten planten, von einem einzelnen Staate nicht durchzuführen wären, wenn er sich nicht gegen die andern durch starke Verkehrsschranken — einen „socialen Schutzzoll", wie man jetzt öfter sagt — absperren wollte. Diese Internationalität der wirthschaftlichen Verhältnisse im allgemeinen und der Arbeiterverhältnisse im speciellen leugnen zu wollen, kann ja auch eigentlich niemand einfallen; wir hören ja auch oft aus Interessentenkreisen auf dieselbe hinweisen. Wenn es sich z. B. um die Lohnhöhe, um Beschränkung der Arbeitszeit, um ähnliche Verhältnisse, die auf den Preis der Waaren von Einfluß sind oder sein können, handelt, so sind die Widerstrebenden mit mehr oder weniger Recht mit dem Einwand bei der Hand, daß die heimische Industrie dann durch die Concurrenz des Auslandes, welches solche beschränkende Einrichtungen nicht habe, ruinirt werden müsse — eine Anerkennung der Internationalität der Wirthschaftsverhältnisse überhaupt und damit auch derjenigen der Arbeiterverhältnisse. Sofern Bestrebungen auf socialem und wirthschaftlichem Gebiet überhaupt vernünftig sind, würde sich gegen eine internationale Organisirung derselben also wol so wenig sagen lassen wie gegen internationale Post-, Münz- u. dgl. Congresse, die eben im Bedürfniß der heutigen Entwickelung des Volkslebens liegen; und sie würden an und für sich noch durchaus keine Verneinung des nationalen Bewußtseins und der Vaterlandsliebe bedeuten. Sie wären auch an und für sich viel weniger gehässig, des öffentlichen Tadels werth, als die angesichts beabsichtigter Steuererhöhungen oft genug gehörten Drohungen der Kapitalbesitzenden: daß man sich denselben durch Auswanderung entziehen werde.

Die „Internationale" hat nun freilich einen derartigen vernünftigen Gebrauch von ihrer Idee nicht gemacht; es wurden keine Vereinbarungen zur friedlichen Durchführung einzelner naheliegender Forderungen getroffen, sondern weitaussehende, ohne großartige Umwälzungen undurchführbare Principien discutirt; und das wesentliche Resultat der Agitation war die Abschwächung des Nationalitäts- und Staatsbewußtseins. Diese beklagenswerthe Folge blieb trotz des äußern Nieberganges der internationalen Bewegung selbst in weiten Kreisen der Arbeiter zurück, und prägt sich in der gegenwärtigen Gestaltung der deutschen Socialdemocratie auch entschieden aus, während die ursprüngliche Lassalle'sche Bewegung sich auf durchaus nationalem Boden bewegte. Die Internationale hat damit eine unerfreuliche Spur in der socialdemokratischen Bewegung zurückgelassen. Für deren Verhalten den Reichsinstitutionen gegenüber kommt gegenwärtig der weitere ungünstige Umstand hinzu, daß in der socialdemokratischen Reichstagsfraction besonders stark das particularistische Sachsen repräsentirt ist.

Zweitens die **Communistische Richtung** innerhalb der Socialdemokratie; d. h. die Richtung auf völlige Umwandlung des Privateigenthums in gesellschaftliches Eigenthum.

Ueber das Wesen des Communismus und sein Verhältniß zum Socialismus sind auch im gebildeten Publikum so wenig klare Vorstellungen verbreitet, daß es empfehlenswerth sein dürfte, hier eine kurze Auseinandersetzung über diesen Punkt zu geben.

Man hat im Publikum von den Socialdemokraten oder Socialisten — abgesehen vom Petroleum, dessen Anwendung eine sehr viel spätere Erfindung ist wie der Socialismus — gewöhnlich die dunkle Vorstellung, als ob es sich ums „Theilen" handelte. Beim Communismus ist nun aber gerade das Gegentheil der Fall, denn er will die Productionsmittel in gemeinsames Eigenthum zusammenwerfen, wie schon sein Name sagt; das Sondereigenthum an Productionsmitteln — Kapital, nicht Genußmitteln — also aufheben.

Principiell ist der Communismus weder praktisch noch theoretisch etwas Neues.

Der Communismus ist der wirthschaftliche Urzustand, dessen letzte Ausläufer in Form der ländlich-feudalen Rechtsverhältnisse bei uns erst in der Mitte dieses Jahrhunderts beseitigt worden sind und dem liberalen Princip des vollen Sondereigenthums Platz gemacht haben, und der in den slawischen Ländern noch heute einen großen Theil der Gesellschaft beherrscht.*) An die Wiederherstellung der alten Formen des Communismus denken die heutigen „Communisten" natürlich nicht, sondern wollen den Communismus auf die gegenwärtige wirthschaftliche Entwickelung anwenden und für sie passende communistische Formen suchen; in der Meinung, daß die communistische Verwaltung der Volkswirthschaft geringere Schattenseiten haben werde wie die gegenwärtig durchgeführte Erwerbsordnung des Sondereigenthums, von der sie annehmen, daß sie auf die Zerstörung der wirthschaftlichen Selbständigkeit der großen Mehrheit des Volkes herauskomme und sich in nichts als in den äußern Rechtsformen von der Sklavenwirthschaft unterscheide.

Theoretiker des Communismus hat es nun bekanntlich schon seit der Zeit gegeben, wo das Privateigenthum größeres Terrain erobert hatte, und von Thomas Morus bis auf Robert Owen, Charles Fourier, Etienne Cabet, Weitling und andere neueste Communisten sind die verschiedensten Theorien und Ideale aufgestellt worden, welche bei möglichst großer Conservirung der wirthschaftlichen Errungenschaften eine vollkommenere Gestaltung der Gesellschaft bezweckten.

Der Communismus ist nun augenscheinlich mit dem Socialismus nicht ein und dasselbe; dieser letztere bedeutet vielmehr nur die allgemeine Richtung auf Stärkung der ge-

---

*) Emile de Laveleye, De la propriété et de ses formes primitives (Paris, Baillière, 1874; deutsche Ausgabe von K. Bücher in Vorbereitung) gibt das beste Zusammenfassende über die Geschichte des Eigenthums.

sellschaftlichen Befugnisse und Thätigkeit denen des Einzelnen gegenüber, und kann sich in sehr verschiedener Stärke und den verschiedensten Systemen offenbaren. Man wird jedermann, der die Stärkung der öffentlichen Gewalt in socialen Dingen, z. B. die staatliche Regelung der Frauen= und Kinderarbeit, die Erweiterung des Gemeindeeigenthums befürwortet, einen Socialisten nennen können, wie man auch ganz mit Recht die „Kathedersocialisten", denen Umsturzgedanken gewiß fern liegen, mit diesem Namen belegt hat. So war auch Lassalle Socialist, ohne Communist zu sein, und die socialdemokratische Bewegung, welche er einleitete, war keineswegs eine communistische zu nennen, da sie nur die allmähliche Umwandlung der Großbetriebe in Genossenschaften zum Ziele hatte, ohne das Sondereigenthum an und für sich, namentlich den kleinen Privatbesitz, beseitigen zu wollen.

Die communistischen Theorien der Frühern und bis auf die jüngste Zeit waren nun der Art, daß sie einfach ideale Gebäude der Gesellschaft aufstellten, zu deren Aufbau ganz andere Menschen als die jetzigen socialen Individuen gehörten und erst dazu erzogen werden mußten.

Wie es aber die Eigenthümlichkeit der socialistischen Theorie von Bazard und Louis Blanc ist, daß sie die Anwendung des Socialismus gerade auf die moderne Gesellschaft und innerhalb derselben zu zeigen suchte, so finden wir bei Karl Marx die Eigenthümlichkeit, daß er nicht mehr einen allgemein menschlichen Communismus wie seine Vorgänger construirte, sondern seine Theorie des Communismus in unmittelbare Verbindung mit den heutigen Zuständen setzte und darzulegen suchte, daß diese eine Vorstufe des künftigen Communismus seien und dieser aus ihnen selbst heraus entwickelt werden könne und, als ein besseres System, angestrebt werden solle. Dies gibt dem Marx'schen Communismus höhere Bedeutung als praktisches Agitationsmittel, wie sie die Theorieen der frühern Communisten hatten, und er konnte deshalb besondern Einfluß auf die socialdemokratische Bewegung üben, ebenso wie es sein „internationales" Programm, von dem wir oben sprachen, entschieden gethan hat.

Die communistische Theorie von Karl Marx wird am klarsten aus einem Abschnitt seines schon erwähnten Werkes „Das Kapital", dessen wichtige Stellen, weil ein kürzerer Auszug kaum möglich ist, hierher gesetzt werden. Marx spricht von der auf Sondereigenthum gegründeten Productionsweise und fährt dann (S. 791 a. a. O.) fort:

„Auf einem gewissen Höhegrad bringt sie die materiellen Mittel ihrer eigenen Vernichtung zur Welt. Von diesem Augenblicke regen sich Kräfte und Leidenschaften im Gesellschaftsschoße, welche sich von ihr gefesselt fühlen. Sie muß vernichtet werden, sie wird vernichtet. Ihre Vernichtung, die Verwandlung der individuellen und zersplitterten Productionsmittel in gesellschaftlich concentrirte, daher des zwerghaften Eigenthums vieler in das massenhafte Eigenthum weniger, daher die Expropriation der großen Volksmasse von Grund und Boden und Lebensmitteln und Arbeitsinstrumenten, diese furchtbare und schwierige Expropriation der Volksmasse bildet die Vorgeschichte des Kapitals. — Die Expropriation der unmittelbaren Producenten wird mit schonungslosestem Vandalismus und unter dem Trieb der infamsten, schmuzigsten, kleinlichst gehässigsten Leidenschaften vollbracht. Das selbsterarbeitete, sozusagen auf Verwachsung des isolirten, unabhängigen Arbeitsindividuums beruhende Privateigenthum wird verdrängt durch das kapitalistische Privateigenthum, welches auf Ausbeutung fremder, aber formell freier Arbeit beruht. Sobald dieser Arbeitsproceß nach Tiefe und Umfang die alte Gesellschaft hinreichend zersetzt hat, sobald die Arbeiter in Proletarier verwandelt sind, die kapitalistische Production auf eigenen Füßen steht, gewinnt die weitere Vergesellschaftung der Arbeit und weitere Verwandlung der Erde und anderer Productionsmittel in gesellschaftlich ausgebeutete, also gemeinschaftliche Productionsmittel — eine neue Form. Was jetzt zu expropriiren, ist nicht länger der selbst wirthschaftende Arbeiter, sondern der viele Arbeiter ausbeutende Kapitalist. Diese Expropriation vollzieht sich durch das Spiel der immanenten Gesetze der kapitalistischen Production, durch die Concentration der Kapitalien. Je ein Kapitalist schlägt viele todt. Hand in Hand mit dieser Concentration oder Expropriation vieler Kapitalisten durch wenige entwickelt sich die corporative Form des Arbeitsprocesses auf stets wachsender Stufenleiter: die bewußte technologische Anwendung der Wissenschaft, die planmäßig gemeinsame Ausbeutung der Erde, die Verwandlung der Arbeitsmittel in nur gemeinsam verwendbare Arbeitsmittel, und die Oekonomisirung aller Productionsmittel durch ihren Gebrauch als gemeinsame Productionsmittel combinirter gesellschaftlicher Arbeit. Mit der beständig abnehmenden Zahl der Kapitalmagnaten, welche alle Vortheile dieses Umwandlungsprocesses usurpiren und monopolisiren, wächst die Masse des Elends, des Drucks, der Knechtung, der Degradation, der Ausbeutung, aber auch die Empörung der stets anschwellenden und durch den Mechanismus des kapitalistischen Productionsprocesses selbst geschulten, vereinten und organisirten Arbeitsklasse. — Die Concentration der Productionsmittel und der Vergesellschaftung der Arbeit erreichen einen Punkt, wo sie unverträglich wird mit ihrer kapitalistischen Hülle. Sie wird gesprengt. Die Stunde des kapitalistischen Privateigenthums schlägt. Die Expropriateurs werden expropriirt.

„Die kapitalistische Productions- und Aneignungsweise, daher das kapitalistische Privateigenthum ist die erste Negation des individuellen auf eigene Arbeit gegründeten Privateigenthums. Die Negation der kapitalistischen Production wird durch sie selbst mit der Nothwendigkeit eines Naturprocesses producirt. — Sie stellt das **individuelle Eigenthum** wieder her, aber auf Grundlage der Errungenschaft der kapitalistischen Aera, der Cooperation freier Arbeiter und ihrem Gemeineigenthum an der Erde und den durch die Arbeit selbst producirten Productionsmitteln.

„Die Verwandlung des auf eigener Arbeit der Individuen beruhenden, zersplitterten Privateigenthums in kapitalistisches ist natürlich ein Proceß ungleich mehr langwierig, hart und schwierig als die Verwandlung des factisch bereits auf gesellschaftlichem Productionstrieb beruhenden **kapitalistischen Privateigenthums** in **gesellschaftliches Eigenthum.** Dort handelte es sich um die Expropriation der Volksmasse durch wenige Usurpatoren, hier handelt es sich um die Expropriation weniger Usurpatoren durch die Volksmasse."

Marx stellt also unsere gegenwärtige Wirthschaftsform als Vorbereitungsstadium und Vorschule für eine neue communistische Epoche dar, indem er voraussetzt, daß unter der Herrschaft der freien Concurrenz der kleine Besitz vernichtet und in die Hände einer kleinen Zahl von Großkapitalisten übergehen werde. In diesen Großunternehmungen würden die Arbeiter so an das Gefühl der Gleichheit und das Zusammenarbeiten gewöhnt, daß es nur noch der Entwickelung des nöthigen Grades von Geschäftskenntniß bedürfe, um die „kapitalistische Spitze" abzustoßen und das kapitalistische Unternehmen in ein communistisches zu verwandeln.

Damit ist durch Marx der Communismus nicht mehr als Utopie, als ein unrealisirbares Phantasiegemälde der heutigen Gesellschaftsorganisation gegenübergestellt, sondern als ein unmittelbar aus derselben sich ergebendes und erreichbares Ziel, zu dessen Erreichung keine neuen Menschen geboren zu werden brauchen, weil die jetzigen durch die Umstände selbst darauf hin geschult werden. Nicht mehr der Arbeiter von heute, aber doch nahe Generationen können Marx zufolge hoffen, dieses communistische Ideal zu erreichen und den Zeitpunkt zu erleben, wo die Periode des kapitalistischen Sondereigenthums, in der wir jetzt stehen, durch eine bessere Periode des gesellschaftlichen Eigenthums ersetzt ist.

Diese Marx'sche Formulirung des Socialismus, welche die socialdemokratische Bewegung unmittelbar auf den vollen Communismus hinzuleiten suchte, hat auf diese entschieden bedeutenden Einfluß geübt, die vorgeschrittene, extreme Richtung darin befördert und wesentlich dazu beigetragen, daß das heutige Programm der Socialdemokratie viel allgemeinere Ziele stellt, als sie in der Lassalle'schen Bewegung

ursprünglich lagen. Der „Vorwärts", das schon genannte
Centralorgan der Socialdemokratie Deutschlands, spricht
diesen Standpunkt sehr deutlich in seiner Nummer vom 1. Mai
dieses Jahres aus, wo es heißt:

„Lassalle bot verständigerweise in der Formel der
Productiv-Associationen den kleinen Finger seiner großen
Idee. — Die Consequenz des sich selbst entwickelnden Lebens
hat die Arbeiter schnell genug dahin gebracht, die ganze
Idee in ihrer Totalität zu verstehen und mit eiserner Energie
zu erfassen.

„Wol gibt es noch eine ganze Anzahl von Arbeitern,
die an dem Wort des Meisters hängen und es beinahe wie
einen Abfall von seinen Lehren betrachten, wenn die Majo=
rität jetzt den geraden Weg auf das endgültige Ziel der
Einführung eines nur auf Arbeit basirenden Einkommen=
Eigenthums lossteuert und den damals für nothwendig er=
achteten Umweg über die Productiv-Associationen mit Staats=
credit verschmäht, — das sollte aber doch unter denkenden
und vernünftigen Arbeitern kein Grund zur Spaltung sein.
Auch diese Lassalleaner von der stricten Observanz werden
«mit der Consequenz des sich selbst entwickelnden Lebens»
noch dahin kommen, wohin sie Lassalle zu führen gedachte."

Es wird also hier bezeugt, daß ein großer Theil der
Socialdemokratie sich nicht mehr mit Zielen, deren Erreichung
in naher Zeit denkbar sei, bezw. an deren Realisirung schon
die gegenwärtigen Arbeiter mitwirken könnten, sondern mit
jenen Resultaten geschichtlicher Evolution beschäftige, die wir
eben bei Marx kennen gelernt haben. Nach Marx' Ent=
wickelung scheint die Epoche des Communismus zwar, wie
gesagt, für nahe Generationen in Aussicht, aber doch noch

nicht nächstliegend, und zugleich bewiesen, daß die Verhältnisse und die Arbeiter jetzt noch nicht dafür reif sind. Wenn die Arbeiter trotzdem die näher liegenden Bestrebungen Lassalle's verschmähen und die Zwischenstufe, unter Verleugnung der ihnen von Marx gezeigten historischen Entwickelung, überspringen wollen, so könnte dies nur auf dem Wege der Revolution geschehen, deren Mißglücken hiernach von vornherein feststeht, selbst wenn sie äußerlich zu siegen hoffen dürfte.

Wenn wir also die Socialdemokratie überhaupt schon nicht als eine blos reformatorische Partei, welche die gegebenen Zustände langsam weiter zu entwickeln sucht, sondern als radicale Partei bezeichnen können, weil sie die heutige Eigenthumsverfassung grundsätzlich verwirft, so macht sich jetzt eine noch radicalere Richtung geltend, welche die geschichtliche Entwickelung, wie sie von den Theoretikern des Socialismus dargestellt wird, noch überholen möchte.

Eine radicalste Fraction, die sich gegen Entwickelung und Ziele überhaupt gleichgültig verhält, hat, soviel bekannt, in Deutschland bisher keinen festen Fuß gefaßt, und scheint überhaupt nur unter dem Einfluß des (1877 verstorbenen) russischen Nihilisten Bakunin, als Abzweigung des Internationalen Arbeiterbundes, zu einer gewissen Organisation gekommen, wie sie z. B. in der Schweiz in der Conféderation jurassienne mit ihrem kürzlich eingegangenen "Bulletin de la Conféderation jurassienne" bestand. Die Tendenzen dieser "Anarchisten" gehen in einer Zerstörung der gegenwärtigen Gesellschaft durch eine Revolution auf; ein

rein negatives Programm, auf das sich eine Partei doch
dauernd nicht begründen läßt.*)

Wenden wir uns nun zum Programm der deutschen
Socialdemokratie zurück, so braucht es jetzt keine weitere
Auseinandersetzung mehr, wiefern wir in demselben inner=
halb des allgemeinen socialdemokratischen Rahmens die drei
Hauptgedanken vertreten finden, von denen wir gesprochen
haben: Lassalle's Productivassociationen, internationaler Cha=
rakter der Arbeiterbewegung, communistisches Ziel der Be=
wegung. Neben der Verurtheilung der gegenwärtigen Ge=
sellschaft als einer auf Ausbeutung und Knechtung der
Besitzlosen beruhenden ist aber doch der extreme Radicalis=
mus durch die Betonung gesetzlicher Agitation (s. Nr. 2 des
Programms) und die Forderungen, welche an den gegen=
wärtigen Staat (1—8 am Schluß), also diesen anerkennend,
gestellt werden, zurückgewiesen.

Auf die Prüfung der einzelnen Sätze, bezw. Forderungen
wollen wir auch bei diesem Programm nicht eingehen, nach=
dem wir das Wesen der Partei im allgemeinen genügend
charakterisirt haben. Wir haben sie kennen gelernt als eine
Partei, die sich stützt auf die durch die moderne Erwerbs=
ordnung geschaffene Klasse der Lohnarbeiter und aus den
Schattenseiten von deren Lage ihre Stärke zieht. Ihre
Grundlage findet sie in dem Princip der **Gleichheit**,

---

*) Beiläufig sei bemerkt, daß die berüchtigte pariser „Commune"
mit irgendeiner socialistischen Partei nicht in Verbindung zu bringen
ist, und, wenn auch nur aus Mangel an Zeit, socialistische Tendenzen
überhaupt nicht gezeigt hat. Die beste Darstellung der Commune=
bewegung dürfte bisjetzt sein: Georges Morin, Histoire critique de
la Commune; Paris, Lacroix, Verböckhofen u. Comp., 1871.

welches sie innerhalb der modernen Gesellschaft, mit Beibehaltung der wesentlichen Culturerrungenschaften derselben, allseitig verwirklichen will. In diesem Bestreben kommt sie aber dazu, die Grundlagen der heutigen Ordnung, die selbständige Familie (nicht die Ehe) und das Privateigenthum anzugreifen; indem sie in beiden die Stützen für die Fortpflanzung der bestehenden Ungleichheiten sieht; und zwar in der Familie insofern, als diese eine selbständige Wirthschafts- und Erziehungsgemeinschaft bildet, und Vermögen und sociale Anschauungen, wirthschaftliche und gesellschaftliche Traditionen vererbt und damit die Entstehung einer auf jenen neuen Grundlagen aufgebauten Gesellschaft verhindert; das Privateigenthum insofern, als es die Verfügung über die Arbeitsmittel einem Theil der Gesellschaft, nicht allen Mitgliedern derselben gibt und nicht das unmittelbare Ergebniß der Arbeit ist. Sie tritt hiermit sowol den rein conservativen wie den Reform-Parteien gegenüber, von denen wir sahen, daß sie auf jenen Grundlagen stehen, erstere beharrend, diese vorsichtig die an dieselben sich knüpfende Ordnung weiterbildend; die also zwar keine „reactionäre", wie sie die Socialdemokraten nennen, aber eine, mit Recht, conservative Masse sind.

Nachdem nun somit die drei großen Parteigruppirungen auf ihrem geschichtlichen Hintergrunde charakterisirt sind, wird es schließlich unsere Aufgabe sein, zu untersuchen, welche Aussicht und Berechtigung zu weiterer Entwickelung in denselben zu finden sei.

# VI.

## Die Zukunft der socialpolitischen Parteien.

Wenn dieser letzte Abschnitt „die Zukunft der socialpolitischen Parteien" überschrieben ist, so sollen in ihm doch nicht Prophezeiungen für einen fernen Zeitpunkt aufgestellt, sondern nur die Anschauungen, welche wir aus der vorhergehenden Darstellung über den Charakter der verschiedenen Gruppen gewonnen haben, verwerthet werden, um uns über die Entwickelungsfähigkeit derselben Rechenschaft zu geben. Denn nur in diesem Sinne läßt sich mit einiger Zuversicht von der Zukunft sprechen; ob die Parteien, sozusagen, von ihrer Entwickelungsfähigkeit Gebrauch machen, ob die gesunden oder ungesunden, die gesellschafts= freundlichen oder =feindlichen Elemente in ihnen die Oberhand gewinnen und Entwickelung oder Revolution herbeiführen werden, das ist ebenso schwer wie das Wetter vorauszusagen.

So viel steht jedenfalls fest, daß die Parteien sich auf einen entwickelungsfähigen, nicht blos beharrenden oder verneinenden Standpunkt stellen, in ihren principiellen Grundlagen und Zielen dem Fortschrittsbedürfniß der Gesellschaft Rechnung tragen müssen, um nicht zerstörend zu wirken oder von der Entwickelung selbst überrannt zu werden.

Die socialen Dinge sind in fortwährendem Fluß begriffen; die Entwickelung des wirthschaftlichen Lebens erzeugt neue Formen und Bedürfnisse; dadurch ändern sich allmählich die Anschauungen, und zwar sehr langsam, aber doch nach und nach verändert sich auch der Inhalt der gesellschaftlichen Grundeinrichtungen: Familie und Eigenthum.

Es hat aber mit diesen Veränderungen eine andere Bewandtniß wie mit denen der Naturkörper, sie sind nicht ein unbewußtes und unwillkürliches Entstehen und Vergehen, Zusammenballen und Abbröckeln, sondern sind das Ergebniß der menschlichen Willkür, bewußter Thätigkeit, die um so besser und wirksamer ist, je klarer sie sich der Grundlagen bewußt ist, von denen sie ausgeht, und der Ziele, auf welche sie hinstrebt.

Socialpolitische Parteien müssen natürlich dieser Natur der socialen Dinge Rechnung tragen, ohne daß sie sich deswegen charakterlosem Schwanken hinzugeben brauchen. Es gibt zu jeder Zeit gewisse ideelle Grundlagen, von denen man sagen kann, daß sie als maßgebende für die Entwickelung anzusehen seien. Dieselben werden von den Zeitgenossen als natürliche, naturrechtliche Principien angesehen, — obgleich sie im Grunde keineswegs natürliche, sondern eben social=historische sind —, die an sich unverrückbar seien und die man zu verwirklichen, auszubauen habe.

Solche Zeit=Ideen sind für uns heute in den Worten Freiheit und Gleichheit enthalten, die uns die liberale natur= rechtliche Philosophie auf Grund der vorhergegangenen materiellen und geistigen Entwickelung unserer Culturvölker als erstrebenswerthe Ideale hingestellt hat. Sie gelten sowol für das politische wie das wirthschaftliche Leben, und wir kommen von ihnen nicht los, sondern müssen sie „zeitgemäß" zu fassen und zu gestalten suchen. Wir können und müssen über die ursprüngliche, erste Formulirung, welche unter dem Eindrucke der damaligen geschichtlichen Zustände geschah, hinausgehen, aber die Ideen selbst walten für uns mit „naturgesetzlicher" Kraft, und über jeden, der sie verleugnen will, wird schließlich zur Tagesordnung übergegangen.

Die erste Formulirung der „Freiheit", welche für das liberale Gesetzgebungswerk maßgebend war, lautete dahin, daß die Befugnisse des Individuums schroff abzugrenzen und zum Zweck der möglich größten Bethätigung des Eigeninteresses ausgiebig zu schützen seien; namentlich auf die strenge Ausbildung und Abgrenzung der wirthschaftlichen Machtsphäre — des Eigenthums — wurde in dieser Richtung die größte Sorgfalt verwendet.

Die erste Formulirung der „Gleichheit" war die, daß es gelte, allen Personen die formell, gesetzlich gleiche Grundlage für die Bethätigung der Freiheit in jenem Sinne zu sichern.

Das Princip der Gleichheit in dieser Auffassung hat nun aber, wie man sofort ersieht, eigentlich keinen selbständigen Bestand, sondern kommt wieder auf das der Freiheit hinaus; ergänzt dasselbe nur im Sinne: der gleichen Freiheit für alle, und wurde praktisch als Gleichheit vor dem Gesetz — nicht auch materiell in den wirthschaftlichen und socialen Verhältnissen — durchgeführt.

Die besitzenden Klassen, von denen die revolutionäre Gesetzgebung ausging, konnten auch an der Gleichheit in anderm, sachlichem Sinne kein tieferes Interesse haben; und für sie, die socialpolitisch Conservativen bildet heute als wesentlichste Grundlage ihres socialpolitischen Denkens und

Handelns das Princip der Freiheit in dieser hier gekenn=
zeichneten Auffassung.

Für die oppositionellen, radicalen Parteien hingegen
ist die Gleichheit das hauptsächlich bewegende Problem,
das sich ihnen folgendermaßen darstellt; sie sagen: Wir er=
kennen die Forderung der Freiheit und Gleichheit durchaus
als berechtigt an, aber in der liberalen Formulirung sind
beide nicht miteinander verträglich. Die gleiche Freiheit
arbeitet der Gleichheit entgegen. Für die wirkliche sociale
Freiheit kommt es nicht allein darauf an, daß sie als mög=
lich größte Selbstbethätigung, Willkür aufgefaßt werde,
sondern darauf, daß ein solches Maß der Freiheit ermittelt
und festgestellt, als Bedürfniß dem Einzelnen anerzogen
und garantirt werde, welches nothwendig ist und hinleitet
zum Zusammenwirken zu einem Zustande allgemeinen gleichen
Wohlbefindens in geistiger und materieller Beziehung; d. h.
soweit die natürlichen Anlagen und Verhältnisse es gestatten
und dasselbe nicht durch eigene Verschuldung verscherzt wird.
Diese Gleichheit aber mit jener Freiheit, wie sie die Con=
servativen fassen, zu erreichen, ist deshalb unmöglich, weil
diese letztere dahin führen muß, die aus früherer Zeit über=
kommenen und heute bestehenden Ungleichheiten in der so=
cialen Lage der Volksschichten, im Besitz und infolge dessen
auch in der Fähigkeit zum Erwerben, zu verstärken, statt aus=
zugleichen; weil der Stärkere bei gleicher Freiheit den
Schwächern verdrängt, ihn wirthschaftlich vernichtet und auf=
saugt. Ein Zustand zunehmender Ungleichheit ist aber auch
nicht mit der Freiheit verträglich, macht diese illusorisch.
Vor allem kommt es also darauf an, die Gleichheit herzu=
stellen; und zu diesem Zweck kann man nicht wie der Libera=

lismus vom Individuum ausgehen und dessen Eigeninteresse
mit Garantien zu umgeben suchen, sondern man muß vom
Ganzen, von der Gesellschaft, von deren Organ:• dem Staate
ausgehen, der das Individuum beschränken, den Inhalt seiner
Freiheit feststellen, auf die Gleichheit hinwirken muß. Un=
möglich vom Individualismus aus, nur vom Socialismus
aus kann man zur Gleichheit kommen.

Das sind also die grundsätzlichen Gegensätze, die wir
bei den Conservativen und den Radicalen gefunden haben,
die sich aber bei den letztern gegenwärtig noch zu einer be=
sondern communistischen Formulirung zuspitzen.

Die socialreformatorischen Parteien und Richtungen in der
Mitte suchen nach Vermittelung dieser Gegensätze. Auch sie
halten an der Zeitidee: Freiheit und Gleichheit, fest, sie
möchten die Freiheit in dem liberalen Sinne conserviren,
aber die Gleichheit mehr im socialistischen Sinne, von unten
herauf, zu Gunsten der wirthschaftlich Schwächern, fördern,
ohne auf jenes Ideal völliger Gleichheit einzugehen. Wie
man aber für diesen Zweck das Princip der Freiheit und
Gleichheit formuliren müsse, damit sind die Reformparteien
und Richtungen offenbar noch nicht fertig; und in diesem
Mangel eines festen grundsätzlichen Standpunktes, von dem
aus man mit dem klaren Bewußtsein, wie weit man gehen
darf und was man will, operiren kann, beruht ihre Schwäche.
Sie heben zwar die Schattenseiten des liberalen Princips
hervor, sie erkennen die Nothwendigkeit an, durch reforma=
torische Maßregeln dem Socialismus entgegenzutreten, bezw.
bis zu einem gewissen Grade entgegenzukommen, um die
liberale Gesammtidee zu conserviren und zu schützen, sie
empfehlen einzelne Mittel, sie machen der Opposition mehr

oder weniger Concessionen — aber es fehlt die sichere Grundlage, die principielle Klarheit, um nach beiden Seiten hin zu imponiren und damit den Zweck: friedliche Weiterentwickelung der gesellschaftlichen Zustände, zu erreichen.

In den großen socialpolitischen Fragen, welche die gesammte Eigenthums- und Erwerbsordnung berühren, kann man aber gewiß noch weniger wie in den andern engern Gebieten des öffentlichen Lebens mit der Zuversicht des Erfolgs vorgehen, wenn man nicht, — nennen wir es ruhig mit dem heute etwas verpönten Wort: Ideale vor sich hat, die man ins Leben treten lassen will. Es kommt dabei nicht so sehr darauf an, daß diese Ideale gegen jeden Einwand correct formulirt seien, als darauf, daß sie in der allgemeinen Richtung, die als die berechtigte vorschwebt, genügende Begrenzung und Festigkeit des Handelns geben. Verzichtet man aber auf solche Formulirung von Idealen und begnügt sich damit, nur einzelne Punkte im Reformprogramm hinzustellen, so gibt es keine Vertheidigung gegen die Vorwürfe von rechts, daß man zu weit gehe, und von links, daß man zu wenig biete. Unter dieser Unsicherheit leiden dann die reformatorischen Bestrebungen, gehen am Mangel an idealer Kraft zu Grunde oder werden abgeschwächt, und lassen das Feld zum Kampfe für die schroffen Parteien frei; während eine zielbewußte Reformpartei und eine sichere Leitung, mit vielleicht nur wenig weittragenden Reformen, Bedeutendes für längere Zeit hinaus leisten kann.

Die Entwickelung der socialen Verhältnisse und Anschauungen geht nun heute ungleich rascher wie in frühern Zeiten, und darum ist auch das Reformbedürfniß drängender. Die rasche Folge der technischen Erfindungen, der Stand des

Verkehrswesens, die Ausbreitung der Presse leisten, in wachsender Geschwindigkeit, hierin jetzt im Verlauf weniger Jahre das, wozu früher ein Jahrhundert und mehr nöthig war. Dies erleichtert die socialpolitische Action sowol in friedlicher wie in kriegerischer Hinsicht. Man hat Lassalle vom hohen „historischen" Standpunkte aus oft mitleidig belächelt über seine geschichtsphilosophische Auffassung, mit der er seine Forderungen zu stützen sucht, daß nämlich nach der „Weltwende", die sich mit der Französischen Revolution vollzog, nachdem die vorhergehende Epoche eine Reihe von Jahrhunderten eingenommen hatte, nun um die Mitte dieses Jahrhunderts schon wieder eine „Weltwende" eingetreten sei, oder eintreten solle, welche ganz neue Formen der Erwerbsordnung erlange. Das mag von Lassalle so nicht richtig hingestellt sein, aber zugeben müssen wir ihm doch, daß man heute mit ausnehmend viel kürzern socialen Zeiträumen zu rechnen hat, und die socialen „Weltwenden" sich viel, viel rascher vollziehen als vor der Weltwende der Französischen Revolution. Die blos Conservativen nutzen sich heute viel schneller ab, die Reformparteien, welche in Ermangelung eines festen Standpunktes zu keiner Thätigkeit kommen, sind bald überholt, und die Parteien des Widerstandes, die keinen Boden für positives Wirken finden, treiben immer rascher dem Extrem und der Revolution zu.

Das einfache Gehenlassen erscheint also heutzutage doppelt gefährlich, sowie es festgestellt ist, daß in der Gesellschaft Zustände vorhanden sind, die oppositionellen Bestrebungen wirklich Boden geben. Letztere blos äußerlich durch Polizeimittel zu unterdrücken ist aber natürlich in jedem Falle unklug; denn entweder haben sie eben Boden, also eine ge-

wisse innere Berechtigung, und dann kann die äußere
Zurückdrängung die Opposition im Innern nur steigern,
oder sie entbehren der Berechtigung, wurzeln nicht in wirk=
lichen Zuständen der Gesellschaft, dann wird diese nicht da=
durch angegriffen und wird aus sich selbst dagegen reagiren.
Es handelt sich ja in diesen socialen Dingen nicht um
äußere Institutionen, die durch äußere Mittel geschützt werden
können, sondern um die Lebensordnung selbst, die in ihrer
innern Gesundheit den natürlichen und besten Schutz hat,
deren Mängel aber nicht durch die Polizei, sondern nur
durch die Politik, eine zielbewußte Socialpolitik, beseitigt
werden können.

Wenn wir nun heute unsere socialpolitische Opposition
ansehen, so haben wir schon anerkennen müssen, daß dieselbe
ihre Nahrung zieht aus der wirthschaftlichen Unsicherheit
und Unselbständigkeit eines Theiles der Bevölkerung, und
ihren Boden findet in der neuen großen Schicht der Lohn=
arbeiter, die in die moderne Gesellschaft vollständiger und
zweckmäßiger als gleichberechtigtes Glied eingefügt werden
will. Wir dürfen, ja müssen auch zugeben, daß Freiheit
und Gleichheit in der Formulirung des liberalen Systems
den Besitzlosen nicht in gleichem, vollem Maße zugute kommt
wie den Besitzenden, und daß dieserhalb eine veränderte
Formulirung des Zeitideals zu suchen sein wird, welche zu
ergründen eben die Aufgabe der Wissenschaft und der Reform=
parteien ist.

In diesem Sinne ist also eine oppositionelle Partei
lebensfähig und entwickelungsfähig. Dies gilt aber nicht
ohne weiteres von der heutigen socialdemokratischen Partei.
Die Grundidee der Socialdemokratie als socialistischer Partei:

politischen Einfluß zu gewinnen, um sociale Reformen in jener vorhin dargelegten Tendenz nach Gleichheit herbei= zuführen, — diese Idee kann man vom conservativen Stand= punkte aus verwerfen, aber man wird zugeben müssen, daß sie an und für sich, nach Lage der Dinge, eine lebensfähige Partei zu schaffen und zu erhalten wohl im Stande sei. Andererseits haben wir aber gesehen, daß der socialdemo= kratische Gedanke und die heutige Socialdemokratie nicht ein und dasselbe sind, wie vielmehr die heute zur allgemei= nen socialdemokratischen Partei zusammengeschlossenen radi= calen Parteien einem Ziele nachstreben, welches ihr größter Theoretiker Marx als ein noch sehr fernes ihnen hingestellt hat und hinstellen konnte, oder besser: einem Zustande, der von Marx als Resultat einer historischen Evolution dar= gestellt worden ist; und also vernünftigerweise als un= mittelbare Grundlage einer Parteiagitation gar nicht ge= braucht werden kann. Dieser Zustand ist weder ein sittliches Princip, ein Ideal, welches mit Begeisterung erfüllen kann, noch eine unmittelbar ins Werk zu setzende Maßregel, auf die sich die agitatorische Thätigkeit schon jetzt richten könnte. Eine Revolution, ausgeführt um jene „kapitalistische Spitze" abzuschütteln und den communistischen Betrieb ins Werk zu setzen, müßte jetzt zum Theil schon aus Mangel an zu beseitigenden „kapitalistischen Spitzen" unausgeführt bleiben, und wo sich solche vorfänden und die betreffenden Groß= betriebe in communistische Genossenschaften umgewandelt werden könnten, würde die Sache mangels Vorbereitung scheitern.

Da nun aber für jetzt selbst von einem Versuch solcher Revolution statt der Evolution nicht die Rede ist und sein kann, so entbehrt die Socialdemokratie positiver für die Gegenwart brauchbarer Ideen, und bethätigt sich hauptsächlich in der Negative, in Angriffen auf das Bestehende. Dies muß entweder dazu führen, daß die dem socialdemokratischen Einfluß zugänglichen Elemente zu einer Revolution aufgereizt werden, welche, wie gesagt, misglücken muß; oder daß die Socialdemokratie in ihrer jetzigen Gestalt einer andern oppositionellen, wenn auch gleichfalls socialdemokratischen Partei mit klarern Zielen und agitatorisch praktischern Ideen Platz macht. Der jetzige Ideengang der radicalen Parteien kann zu positivem Wirken nicht führen, sondern nur dazu, die unzufriedenen Elemente zu sammeln und aufzureizen. Die Partei kann deshalb wol immer noch zunehmen, aber nicht mehr auf lange hinaus auf ihrer jetzigen Grundlage bleiben. Agitation und Presse, so geschickt, eifrig und opferwillig auch beide geleitet werden, müssen unter diesem Mangel erlahmen und leiden schon jetzt, trotz ihrer Blüte, dem Inhalte nach sichtlich darunter.

Trotzdem aber, wie schon nachdrücklich hervorgehoben, ist nicht daran zu denken, daß die Socialdemokratie als solche verschwinden werde, denn eine Partei des Strebens nach politischer Macht zum Zwecke socialer Reformen erhält sich so lange, als sie innere Berechtigung hat, resp. als ihr solche gegeben und gelassen wird, und bedarf nicht der Formulirung gerade der jetzigen Radicalen.

Man weist allerdings öfter auf eine Wahrnehmung hin, welche diese Behauptung von der Nothwendigkeit einer socialdemokratischen Partei bei dem jetzt noch vorhandenen Zustande der Gesellschaft zu widerlegen und diese Besorgniß zu zerstreuen geeignet scheint, nämlich daß es in England

— dem classischen Lande des „Kapitalismus" — keine
socialdemokratische Partei gebe, und daß mithin auch bei
uns, wo die Zustände der Socialdemokratie weniger An=
griffspunkte böten wie dort, eine solche Partei nicht noth=
wendig sei.

Wie allerdings unsere heutige Form der Socialdemo=
kratie nicht nothwendig sei, haben wir selbst schon gezeigt;
daß aber in England keine Partei existirt oder organisirt
ist, welche politische Macht für sociale Ziele sucht, ist eben
einfach darauf zurückzuführen, daß sie noch nicht existirt;
wie dies durch die politischen und socialen Verhältnisse
Englands sehr wohl erklärlich ist. England ist nicht so
unmittelbar wie wir von der Französischen Revolution berührt
worden, in die moderne Gesellschaft und Volkswirthschaft
hinein haben sich dort noch ältere Anschauungen und Zustände
verpflanzt, das allgemeine Stimmrecht ist noch nicht durch=
geführt, die Volksbildung steht auf einer niedrigern Stufe,
Denken und Charakter der Nation sind schwerfälliger, die
Disciplinirung der untern durch die obern Klassen ist
straffer und nachhaltiger, die wirthschaftlichen Hülfsmittel
sind mächtiger und das Vertrauen auf sie ist größer, die
Colonien geben Gelegenheit, viele unzufriedene und zweifel=
hafte Elemente abzuleiten — während unsere zersplitterte
Auswanderung viel wirthschaftlich brauchbare Kräfte verloren
gehen läßt und dem Vaterlande auch in socialpolitischer
Beziehung nicht gehörig zugute kommt —; alles dies sind
Umstände, welche einen langsamern, überhaupt einen andern
Gang der Parteibildung in England veranlassen. Der
Boden dafür ist aber dort im allgemeinen derselbe wie bei
uns, an unzufriedenen und jetzt schon kämpfenden Elementen

fehlt es nicht — man erinnere sich an die Gewerkvereine, die Union der Landarbeiter, die Agrarmorde, die Forderung von Arbeitercandidaten fürs Parlament, die sichtlich wachsende Betheiligung der dortigen Arbeiter an der Politik überhaupt —, und es ist gar nicht anders möglich, als daß auch dort das Streben, politische Macht für sociale Reformen zu gewinnen — die Socialdemokratie — wachsen und mehr Boden gewinnen wird, weil eben öffentlicher Einfluß die Vorbedingung für das Durchdringen mit socialpolitischen Forderungen ist. Das Exemplificiren mit englischen Verhältnissen, das nachgerade zum Ueberdruß und zum Schaden der Forschung in den heimischen Zuständen getrieben wird, kann also hier keine Anwendung finden. Unsere Socialdemokratie ist da und wir müssen mit ihr rechnen und sie nach eigenem Muster behandeln. Pactiren läßt sich allerdings, wie sie jetzt ist, mit ihr nicht, aber mit der Devise „kein Pactiren mit der Socialdemokratie" ist auch weiter noch nichts gethan, wenn es soviel heißen soll, als sie ignoriren und „austoben" lassen. Das ist eine Politik, die nur Unheil bringen kann, weil diese Partei sich eben nicht ohne Kämpfe austoben würde. Sie kommt daher gleich einer Kampfespolitik, die in socialen Dingen vom Uebel ist.

Eins freilich können und müssen wir von der Socialdemokratie verlangen, ehe von einem Pactiren die Rede sein kann, daß sie aus einer rein negirenden, radicalen Partei eine Reformpartei werde, die das Zeitideal der Freiheit und Gleichheit in einer friedlichern und gemäßigtern Weise ausbilden hilft, als sie jetzt beabsichtigt. Schwer muß ihr dies freilich werden, weil sie nach allen Seiten hin zu negativ geworden. Indeß darf man sich dabei durch das Beiwerk der socialdemokratischen Bewegung: das Materialistische und das Antinationale ebenso wenig schrecken lassen, wie man glauben mag, vom kirchlichen oder wissenschaftlichen Standpunkte gegen diese Lehren ankämpfen zu können. Die große Menge der dem socialdemokratischen Gedanken Zugänglichen ist gegen jenes Beiwerk mindestens indifferent, und auch gegen die jetzige Formulirung überhaupt gleichgültig; sie würde einem jeden Programm zustimmen, das ernstliche und nahe Besserung und Sicherung ihrer Lage verheißt.

Eine Reformpartei dieser Art, welche aus den Interessenten selbst hervorginge, mit positiven, jetzt erreichbaren Forderungen würde auch ein viel bedeutenderes Gewicht haben, wie unsere jetzigen Reformparteien, welche aus der „conservativen Masse" hervorgehen, und ohne tieferes eigenes Bedürfniß im Interesse der wirthschaftlich Schwächern ihnen entgegenkommen wollen.

Den Vortheil haben die Socialdemokraten aber doch bereits, daß entgegenkommende Elemente in der conservativen Masse zu finden sind, wie wir sie eben in den Reformparteien, von denen oben (Abschnitt IV) gehandelt wurde, sehen. Freilich kann man bei der von uns schon bezeichneten Unklarheit des Standpunktes derselben kaum ahnen, wie weit sie gegebenenfalls zum Zusammenwirken mit einer socialdemokratischen Reformpartei geeignet und geneigt wären.

Andererseits aber wird freilich ein großer Theil der socialpolitisch Conservativen jeder Aenderung der Anschauungen und jedem Opfer abgeneigt sein, und wird nur dem gesetzlichen Zwange — der unter harten Kämpfen herbeizuführen wäre — folgend, oder aus Furcht, mehr zu verlieren, zum Nachgeben sich bewegen lassen. Die alte freihändlerische

Anschauung, welche von dem Zusammenhang der wirthschaftlichen und socialen Dinge ganz absieht, für die Volkswirthschaft nur die technischen Zweckmäßigkeitsrücksichten — Naturgesetze — gelten läßt, die Vermischung wirthschaftlicher und socialer Fragen überhaupt zurückweist und für die Verfassung der Gesellschaft keine andern Grundlagen als die vorhandenen in ihrer ganzen Ausdehnung anerkennen will, diese specifisch liberale Anschauung ist nicht so einfach zu beseitigen.

Es ist nicht zu leugnen, daß bei der großen Menge unserer Besitzenden und Gebildeten viel mehr Neigung zum starren Festhalten an dem Grundsatze Beati possidentes als zum Entgegenkommen und zu Reformen vorhanden ist.

Bei den großen Unternehmern in der Landwirthschaft und Industrie ist das autokratische Gefühl der persönlichen Würde und Macht ganz außerordentlich stark und die Vorstellung von der socialen Gleichberechtigung noch wenig ausgebildet. Wo man wirkliche Schäden anerkennt, ist man viel eher geneigt, auf dem Wege der Freiwilligkeit, des Geschenks etwas zu thun, und damit die Unverletzbarkeit der wirthschaftlichen Machtsphäre für sich aufrecht zu erhalten, als auf, wenn auch nur unbedeutend, das Princip der freien Verfügung einengende gesetzliche Reformen einzugehen.

Wenden wir dann unsern Blick auf die Stellung der Klasse der kleinern Unternehmer zur Arbeiterbewegung, zuvörderst der industriellen, so sehen wir gerade sie durch die ganze neuere wirthschaftliche Entwickelung im allgemeinen und durch jene Bewegung im besondern höchst empfindlich betroffen. Es ist bekannt, wie in vielen Productionszweigen der mit wenigen Gehülfen und meist auf Bestellung arbeitende handwerksmäßige Gewerbebetrieb durch den fabrik- und manufacturmäßigen Großbetrieb ganz erdrückt ist, in andern hart mit demselben ringen muß, und wie er auch im besondern durch die Mangelhaftigkeit und Einseitigkeit der Ausbildung der Gewerbsgehülfen zu leiden hat, welche die unvollkommenen modernen Gewerbeordnungen, ohne Rücksicht auf ihn, ermöglichen und fördern; während er noch dazu verurtheilt ist, in manchen Zweigen brauchbare Gehülfen für die mit ihm concurrirende Großindustrie auszubilden. Dabei steht der Kleinunternehmer rechtlich in derselben Lage zum Arbeiter wie der Großindustrielle, ohne thatsächlich in der wirthschaftlich imposanten Stellung des letztern zu sein. Bei dieser ohnehin schon mislichen Situation der Kleinindustriellen hat sich nun die anfänglich nur gegen das Großkapital gerichtete oppositionelle Bewegung der Arbeiter auch auf ihren Kreis übertragen, und trifft die Handwerksmeister doppelt hart, nicht nur durch zeitweilige Erhöhung der Lohnforderungen und den wachsenden Starrsinn der Gehülfen, mit denen sie beständig in nahem Verkehr stehen, sondern besonders auch in Form der Arbeitseinstellungen unverhältnißmäßig härter als die großen Fabrikanten, weil ihre Arbeiter nicht wie die jener an verhältnißmäßig wenige Etablissements und Orte gebunden sind, sondern größere Freiheit und Leichtigkeit haben, sich der Arbeit bei dem betreffenden Principal und ihren Verpflichtungen gegen ihn zu entziehen, und die Meister dadurch in die Unmöglichkeit zu versetzen, übernommene Bestellungen auszuführen.

Kein Wunder also, wenn gerade unter den Handwerksmeistern sich eine große Neigung zu Arbeitgebercoalitionen zeigt, und wenn wir bei ihnen die Bestrebungen verhältnißmäßig stark und zahlreich sehen, durch Versammlungen der

Meister eines Gewerbes aus ganz Deutschland, gemeinsame Berathungen, Vereins- und Ausschußconstituirungen sich zu organisiren und Widerstandskraft sowol nach oben gegen die Großindustrie als nach unten gegen die Arbeiter zu gewinnen. Nach jener Seite hin ist es freilich bei der sehr verschwommenen Grenzlinie zwischen der Großindustrie und den Kleingewerben und dem unwiderstehlichen Vorschreiten der erstern, da wo die wirthschaftliche Natur des Gewerbes das Eindringen einmal gestattet hat, nicht wohl möglich, sich anders zu helfen als durch gemeinsame Bestrebungen zur Vervollkommnung der Technik; den Arbeitern gegenüber aber wird man nur durch Beeinflussung der Gesetzgebung im Sinne einer Wiederherstellung festerer Bande zwischen Arbeit-Geber und -Nehmer etwas erreichen können. Nach beiden Richtungen hin geht dann auch das Streben dieser Meistervereinigungen. Daß bei diesen sich oft Sympathien für das alte Zunftwesen kundgeben, bedarf keiner Erklärung. Zu irgendeinem Abschluß oder zur Klarheit über Ziele und Mittel ist aber auch diese Bewegung noch keineswegs gelangt.

Was dann die ländlichen mittlern und kleinen Unternehmer anbelangt, so theilen, wie schon früher hervorgehoben, diese mit den großen Landwirthen die Schwierigkeit der Lage in Bezug auf Theuerung der Arbeitskräfte, verhältnißmäßig niedrige Kornpreise und Kapital-, resp. Creditmangel; indeß haben sie den Vortheil vor den entsprechenden industriellen Schichten voraus, nicht unter dem Druck des Großbetriebes zu leiden, wenn auch rationellerer Betrieb und erhöhte Anstrengung jetzt hier wie überall erforderlich sind. Von einer gemeinsamen Parteibildung gegen den Arbeiterstand kann aber bei dieser Klasse nicht die Rede sein, am allerwenigsten soweit der Betrieb mit Hülfe von Familiengliedern und Gesinde geschieht und soweit ein patriarchalisches Zusammenleben derselben mit ihren Gehülfen fortdauert. Die große Zahl und die Mannichfaltigkeit der Abstufungen in dieser Klasse, die bis zum grundbesitzenden Tagelöhner heruntergeht, und ihre enge Verbindung mit dem Arbeiterstande, aus dem sie hervorgeht und sich wieder rekrutirt, verhindert das. Der größte Theil derselben würde sich vielleicht, wenn eine ernste sociale Bewegung einträte, hier und da eher mit den Arbeitern als mit den Großbesitzern verbinden. Inzwischen aber bilden sie das am meisten conservative und unparteiische socialpolitische Element, wenigstens im größten Theile Deutschlands, nicht nur vermöge ihrer natürlichen Schwerfälligkeit, sondern auch wegen ihrer bescheidenen, aber immerhin sichern wirthschaftlichen Lage; und ein jedes Land erscheint in dem Maße sicherer vor erfolgreicher socialer Revolution, als der kleinere und mittlere ländliche Unternehmerstand darin nicht nur zahlreich und in seiner Existenz gesichert, sondern auch einflußreich ist.

Blicken wir noch auf den übrigen Theil des Publikums, die zahlreiche Klasse der öffentlichen Beamten, Pensionäre, Rentiers, verschiedene Klassen von Kaufleuten und sonst nicht in die besprochenen Kategorien Gehörige, welche von der Arbeiterbewegung nicht unmittelbar berührt werden, sondern etwa nur geringe Ausläufer derselben in der „Dienstbotenfrage" an sich herantreten sehen, bei der es sich aber weder um grundsätzliche Veränderungen im Wirthschaftsrecht, noch um eine geschlossen auftretende Agitation handelt und deren Vorhandensein zum guten Theil an den Mängeln und am Ungeschick der Dienstherrschaften liegt; so ist von selbst klar, erstens, daß hier, schon aus Mangel eines directen Angriffsobjects, von einer eigentlichen socialen Parteibildung nicht die Rede sein kann, und zweitens, daß derjenige Theil dieser Klasse, der zu den Besitzenden und zum höhern Beamtenstande gehört, entschiedene Antipathien gegen die Arbeiterbewegung hat, und nur der kleinere Beamtenstand, der dem Proletarierthum näher steht, ihr nicht feindlich gesinnt ist, aber im Fall einer socialen Revolution doch kaum mit ihr gemeinsame Sache machen dürfte. Ebenso unstreitbar ist aber auch, daß in diesen zum Theil auf die politische Entwickelung maßgebend einwirkenden Klassen bisjetzt ein bedauerlicher Mangel an Verständniß für sociale Verhältnisse und an Kenntniß der socialen Bewegung selbst herrscht, und daß ihr Urtheil, das oft sich als eine viel schärfere Verurtheilung der Arbeiterbestrebungen darstellt, wie man bei den betroffenen Unternehmern selbst findet, viel mehr von Vorurtheil als von Wissen bestimmt wird.

Und doch ist die Beseitigung jener Anschauung, die wir die specifisch liberale nannten, in den maßgebenden Kreisen die Grundbedingung reformatorischer Ideen und Bestrebungen, die Bedingung der Entwickelungsfähigkeit der conservativen Partei. Solange nicht anerkannt wird, daß die bloße wirthschaftliche Freiheit im Sinne der Freihandelslehre nicht ohne weiteres identisch ist mit der socialen Freiheit, sondern diese zerstören könne und in manchen Punkten zu zerstören droht, indem allzu große wirthschaftliche Ungleichheiten und allzu starke Abhängigkeitsverhältnisse geschaffen werden, welche die Selbstbestimmung und freie Bethätigung der Individuen mehr einschränken, als es mit der modernen Grundidee der Freiheit und Gleichheit verträglich ist, — solange und soweit dies nicht anerkannt wird, ist keine Möglichkeit der Verständigung da, und das Feld für den socialen Kampf bleibt offen.

Von dieser Ueberzeugung sind auch die von uns betrachteten Reformparteien, welche aus dem Liberalismus selbst hervorgegangen sind, durchaus durchdrungen, und wollen keine Vernichtung, aber eine andere Formulirung der Freiheit, thatsächlich also Beschränkungen des schroffen Eigenthumsrechts, der individuellen Wirthschaftssphäre, und wollen Garantie gegen die Beeinträchtigung der Gleichheit durch die Freiheit.

Nicht alle diese Reformparteien widmen aber der Lohnarbeiterfrage, dem Ausgangspunkt der radicalen Parteien, in erster Linie ihre Reformbestrebungen.

Die Steuer- und Wirthschaftsreformer oder Agrarier sahen wir vornehmlich ihr Augenmerk darauf richten, daß die bisherige Gesetzgebung nicht mit gleichem Verständniß und gleicher Sorgfalt für die Interessen des Grundbesitzes und der Landwirthschaft gesorgt hat wie für diejenigen des beweglichen Kapitals, und hier die Freiheit anders aufgefaßt werden müsse; erst in zweiter Linie gehen sie auf das Verhältniß von Unternehmer und Arbeiter ein. Wir haben die Berechtigung des Ideengangs dieser Gruppe schon geprüft und im allgemeinen anerkannt; es dürfte über die Entwickelungsfähigkeit ihres freilich noch sehr unentwickelten Programms kein Zweifel sein. Dazu müssen aber nicht nur die positiven Gedanken, der bloßen Bekämpfung des „Liberalismus" gegenüber, mehr hervortreten, sondern es müßte auch deutlicher und allseitiger der Standpunkt der Partei als einer socialpolitischen, welche nicht nur einzelne

Forderungen durchsetzen will, sondern sich auch ihrer Stellung zum Princip der Freiheit und Gleichheit bewußt ist, formulirt werden.

Die socialpolitischen Programme der Fortschrittspartei wie auch der katholischen Partei stellen hingegen entschieden in den Vordergrund, daß es sich um die socialen Wirkungen der wirthschaftlichen Freiheit für die Besitzlosen und Lohnarbeitenden, wie auch für die kleinen Besitzenden, den ökonomisch schwächern Theil der Bevölkerung überhaupt handle. Beide greifen die Frage freilich von durchaus verschiedenen Seiten an.

Die Fortschrittspartei sucht den liberalen Standpunkt so vollständig wie möglich zu wahren, und hält sich von allem „Socialistischen" ängstlich fern. Sie sucht nur, falls man so sagen darf, den Individualismus zu organisiren, wenn sie auch beim Eintreten für Fabrikgesetzgebung, Schutz der Frauen= und Kinderarbeit u. s. w. — alles Maßregeln, die doch eben eine Beschränkung des Sonder=Eigenthums, Vorsichtsmaßregeln gegen den Misbrauch der Freiheit in der Wirthschaftssphäre im socialen Interesse sind — nicht umhin kann, socialistisch zu werden. Ihr Festhalten des individualistischen Standpunkts oder der Freiheit in liberaler Fassung und des Operirens von hier aus im socialpolitischen Sinne hat den Vorzug, ebenso conservativ wie klar zu sein, und wir haben die Berechtigung auch dieses Versuchs vorher gleichfalls schon anerkannt. Immerhin drängt sich aber hier die Frage auf, ob es auf diesem Wege möglich ist, die harmonische, friedliche Entwickelung der Gesellschaft zu sichern, also das socialpolitische Ziel, welches vorschwebt, zu erreichen. Wenn man auf dem reinen individualistischen Standpunkte stehen bleibt, so ist weiter kein Hülfsmittel der socialen Organisation gegeben wie die Genossenschaft. Diese kann entweder eine reine Wirthschaftsgenossenschaft sein, die den Zweck hat, den kleinern Leuten die Vortheile zu verschaffen, welche ein Vermögenderer schon als Einzelner hat. Sie sind also ein schwerfälliges Surrogat der großen Einzelwirthschaft, und gerade das, was man fürchtet und bekämpfen möchte: die Störung des gesellschaftlichen Gleichgewichts durch die freie Entwickelung von großer Uebermacht einzelner Vermögenden werden sie nicht hemmen können. Oder aber die Genossenschaften sind mehr als nur auf die Erleichterung der Consumtion und Production gerichtete Vereine, sind Kampfgenossenschaften, welche — wie die Gewerkvereine die Lohnarbeiter — die wirthschaftlich schwächern Elemente zum activen Widerstand gegen die Ausdehnung der Machtbefugnisse der Stärkern vereinigen sollen; dann bringen sie eben als organisirte Kampfgenossenschaften eine fortwährende Bedrohung des socialen Friedens mit sich. Allerdings kann die staatliche Anerkennung, welche für diese Vereine erstrebt wird, und die ihre Thätigkeit also mit gewissen Schranken umgeben müßte — ohne welche eben die staatliche Sanction keinen Zweck hätte — für den Augenblick als ein Beruhigungsmittel wirken, und auf eine sanftere Art der Kampfesführung hinweisen; aber für die Dauer kann auch sie den ins Auge gefaßten friedlichen Zweck nicht erfüllen. Selbst wenn die staatliche Organisation der Gewerkvereine eine allgemeine, zwangsweise durchgeführte werden sollte, müßte doch erst durch weitere sich auch auf die Unternehmer erstreckende Einrichtungen eine völlige Organisation der Gewerbe geschaffen werden, um den Gewerkvereinen den

Charakter von einseitigen Arbeitervereinigungen, Kampfes=
organisationen zu nehmen; und das wäre ein Sprung in
den „Socialismus". Die Fortschrittspartei will aber eben
letztern nicht, und auch keine zwangsweise allgemeine Ein=
führung solcher Vereine; es ist also keine Garantie für all=
gemeine Anerkennung und für Wirksamkeit derselben in
ernstern Streitfällen vorhanden. Vielmehr haben wir
dann nur eine staatliche Beförderung von Vereinigungen,
welche auf wirthschaftlichen Kampf und politische Ver=
tretung ihrer socialen Interessen hinausgehen müssen, ohne
daß dadurch dem Problem, wie man die Sicherheit und
Selbständigkeit der Existenz der Arbeiter herbeiführen, sie
als eine zufriedene Schicht in die moderne Gesellschaft ein=
fügen solle, irgendwie näher getreten wäre. Außerdem muß
die Fortschrittspartei aber dennoch, wie vorhin schon hervor=
gehoben, dem Socialismus einzelne Concessionen machen,
ohne daß sie eine feste Grenze aufstellte, wie weit sie über
ihren eigentlich conservativen, individualistischen Standpunkt
hinausgehen wolle und könne.

So verdienstvoll also die socialpolitischen Bestrebungen
der Fortschrittspartei unstreitig sind, so ist doch der Stand=
punkt kein recht befriedigender, weil ein Fortschritt zu einer
wirklich socialpolitisch wirksamen Reformpartei nicht zu er=
sehen ist. Dies erscheint hauptsächlich deshalb bedauerlich,
weil Bestrebungen, die der Entwickelungsbedürftigkeit der
socialen Zustände Rechnung tragen, unstreitig mehr Aussicht
auf Realisirung haben, wenn sie von einer starken, lebens=
fähigen politischen Partei getragen werden, als wenn sie
keinen Stützpunkt in einer solchen finden.

Die andere Reformpartei, die katholische, ist in Bezug

auf die Annäherung an den Socialismus viel weniger ängst=
lich, man möchte sogar sagen, sie verfällt in dieser Hinsicht
in das entgegengesetzte Extrem wie die eben besprochene Partei,
da man kaum annehmen kann, daß alle die Elemente, aus
denen sich die katholische Partei gegenwärtig zusammensetzt,
eine so entschiedene Stellung gegen den Liberalismus festzu=
halten geneigt sein werden, wie wir sie es jetzt thun sahen,
wenn die Partei aus der politischen Opposition wieder her=
austritt und Hand in Hand mit der Regierung an dem Aus=
bau der socialen Gesetzgebung mitwirkt. Es fällt uns dabei
nicht ein, die jetzige katholische Partei etwa der Unehrlichkeit
zu beschuldigen, ihr unterzuschieben, daß sie an ihren For=
derungen nicht festhalten, nur mit den Radicalen aus Oppo=
sitionsbedürfniß kokettiren wolle; aber in Conflictszeiten
spitzen sich eben ganz naturgemäß auch die socialpolitischen
Forderungen schärfer zu wie sonst, und viele, welche dann
weiter gehen zu können und zu müssen glauben, ermäßigen
dieselben, wenn die privaten Interessen den Parteiinteressen
gegenüber wieder mehr Platz gewinnen.

Wie wir aber bei Darstellung des katholischen Programms
schon hervorgehoben haben, wird von der socialpoli=
tischen Gesammttendenz desselben ein gutes Stück in Wirk=
samkeit bleiben, ja vermuthlich bei einer friedlichern Gestal=
tung der kirchenpolitischen Verhältnisse erst recht zur Wirk=
samkeit kommen, wenn der Kern der katholischen Partei, die
Geistlichkeit, die begonnene sociale Propaganda friedlich wei=
ter zu führen im Stande und geneigt ist. Die Geistlichkeit
ist der berufene Vertreter eines vernünftigen Socialismus.
Die auf dem schroffen Individualismus beruhende Anschauung
des Liberalen kann in ihr keine unbedingten Vertreter finden,

wenn sie ihren Beruf allseitig praktisch auffassen und ausüben. Er muß sie auch auf sociale Werkthätigkeit und damit auf die Unterstützung der wirthschaftlich Schwächern ebenso wie auf ein Wirken zum socialen Frieden im allgemeinen hinweisen. Der Geistliche hat zwar naturgemäß nicht Socialpolitik im Großen zu treiben, sondern seine Stellung weist ihn auf die humanisirende Richtung im kleinern Kreise hin; und er kann hier außerordentlich viel wirken, wenn er weiß, wie es anzufassen und worauf es ankommt. Und wenn ihm nun dazu die socialpolitische Thätigkeit der katholischen Partei, bezw. der Kirche als eines einheitlichen Ganzen die Richtpunkte angibt, ihn ermuntert, die Grenzen steckt, in denen das liberale Princip weiter zu bilden und eine friedliche Entwickelung zu erstreben ist, so liegt hier der gesunde Gedanke und die Entwickelungsfähigkeit des katholischen socialpolitischen Programms.

Hier liegt zugleich auch für den „Staatssocialismus" der gesunde Kern. Allerdings geht dieser ja der Anlage nach über den Rahmen eines protestantischen „Kanzelsocialismus" hinaus. Bisjetzt ist aber diese junge Bewegung noch nicht weiter gediehen und wir würden durchaus nichts dagegen haben, sie als einen Bruder des katholischen Kanzelsocialismus in dem eben geschilderten Sinne sich auswachsen zu sehen. Jener könnte mit diesem friedlich und ersprießlich zusammenwirken. Natürlich müßte dazu von confessionellen Rücksichten und Fragen ganz abgesehen werden. Dieselben sind aber auch in socialpolitischen Dingen absolut gleichgültig und wirkungslos. Die Kirche hat sich hierbei blos als berufene Vertreterin der allgemeinen Humanitätsidee und des aus ihr hervorgegangenen modernen Princips der Freiheit und Gleichheit zu betrachten; Ideen, die sie ja mit hat bilden helfen.

Diese allgemeine ideelle Grundlage reicht vollständig aus, um darauf eine Formel zu bauen, welche den Bestrebungen nach socialer Entwickelung einen Halt geben kann. Entwickelung überhaupt aus der ursprünglichen liberalen Formulirung der Freiheit zu einer socialern Auffassung des Princips der Freiheit und Gleichheit ist, wie schon wiederholt hervorgehoben und hier schließlich nochmals betont wird, nothwendig, und die Ueberzeugung davon bedingt die Lebensfähigkeit einer socialpolitischen Partei. Aber nicht eine bestimmte Entwickelung ist nothwendig, weil eben die socialen Gesetze von den Menschen, den Mitgliedern der Gesellschaft selbst, gemacht werden. Es können verschiedene Formulirungen zweckmäßig sein und zum Ziele führen. Aber die Thatsache, daß eine solche Wahl und gewissermaßen Unsicherheit möglich, darf nicht zum Verzicht auf das Suchen nach einem klaren Entwickelungsziele überhaupt und zur Beschränkung auf das Experimentiren mit allerlei Mitteln führen. Damit kann weder die jeder Weiterbildung abgeneigte Beharrungspartei zu socialer Thätigkeit herbeigezogen, noch die radicale Partei zu Umkehr und Versöhnung gebracht werden. Nur ein sicheres klares Programm, welches erkennen läßt, worauf es eigentlich ankommt und wohin man gehen solle, aus dem dann die einzelnen, kleinern und größern Mittel der Socialpolitik sich von selbst ergeben, kann Vertrauen einflößen und wirklich parteibildend wirken.

Es wäre vor allem Aufgabe der Socialwissenschaft, — oder wie man sie mit einem zu engen Ausdruck nennt, Volkswirthschaftswissenschaft — die sich jetzt zumeist an einzelnen

Fragen zersplittert und mit der Empfehlung einzelner Mittel der Praxis nachhinkt, eine brauchbare Formel für die sociale Entwickelung zu suchen und darzubieten. Wo sich ein im allgemeinen für die Zukunft noch wenig freudige Zuversicht erweckendes Bild der socialpolitischen Parteien darbietet, wie es sich uns darstellte, wäre gerade die Wissenschaft berufen, weite Gesichtspunkte zu zeigen, klare Ziele zu stecken, und dadurch beruhigend im Interesse des socialen Friedens zu wirken.

In diesem Sinne möchten auch die vorliegenden Erörterungen aufgefaßt sein, indem sie durch geschichtliche unbefangene Schilderung und Beurtheilung unserer socialpolitischen Parteien jene wissenschaftliche Arbeit haben vorbereiten helfen wollen.

www.ingramcontent.com/pod-product-compliance
Lightning Source LLC
Chambersburg PA
CBHW031447160426
43195CB00010BB/885